Vahemere köök

Avasta uusi maitseid ja naudi tervislikku eluviisi

Maria Välja

Sisukord

Taimne paella 8

Baklažaani ja riisi pajaroog 10

Palju taimset kuskussi 12

Kushari 14

Bulgur tomatite ja kikerhernestega 17

Makrell Maccheroni 19

Maccheroni kirsstomatite ja anšoovistega 21

Sidruni ja krevettide risotto 23

Spagetid karpidega 25

Kreeka kalasupp 27

Venere riis krevettidega 28

Pennette lõhe ja viinaga 31

Mereannid Carbonara 33

Garganelli suvikõrvitsa pesto ja krevettidega 35

Lõhe risotto 38

Pasta kirsstomatite ja anšoovistega 40

Brokkoli ja vorst Orecchiette 42

Radicchio ja suitsupeekoni risotto 44

Pasta alla Genovese 46

Lillkapsa pasta Napolist 48

Pasta e Fagioli apelsini ja apteegitilliga 50

Spagetid al Limone 52

Vürtsitud köögiviljakuskuss 53

Vürtsitud küpsetatud riis apteegitilliga 55

Maroko stiilis kuskuss kikerhernestega 57
Taimetoitlane paella roheliste ubade ja kikerhernestega 59
Küüslaugukrevetid tomati ja basiilikuga 61
Krevettide Paella 63
Läätsesalat oliivide, piparmündi ja fetaga 65
Kikerherned küüslaugu ja peterselliga 67
Hautatud kikerherned baklažaani ja tomatiga 69
Kreeka sidruni riis 71
Küüslaugu-ürdi riis 73
Vahemere riisi salat 75
Värske ubade ja tuunikala salat 77
Maitsev kana pasta 79
Maitsed Taco Rice Bowl 81
Maitsekas Mac & Cheese 83
Kurgi-oliivi riis 85
Maitsed Herb Risotto 87
Maitsev Pasta Primavera 89
Röstitud pipra pasta 91
Juust Basiilik Tomat riis 93
Mac ja juust 95
Tuunikala pasta 96
Avokaado ja kalkuni segu Panini 98
Kurgi-, kana- ja mangomähis 100
Fattoush – Lähis-Ida leib 102
Küüslaugu ja tomati gluteenivaba Focaccia 104
Grillitud burgerid seentega 106
Vahemere Baba Ghanoush 108

Mitme teravilja ja gluteenivabad õhtusöögirullid 110

Mereannid Linguine 112

Ingverkrevetid ja tomatid 114

Krevetid ja pasta 117

Pošeeritud tursk 119

Rannakarbid valges veinis 121

Dilly lõhe 123

Sile lõhe 125

Tuunikala meloodia 126

Mere juust 127

Tervislikud praed 128

Taimne lõhe 129

Smokey Glasuuritud tuunikala 130

Krõbe hiidlest 131

Fit tuunikala 132

Kuumad ja värsked kalapraed 133

Rannakarbid O'Marine 134

Aeglase pliidiga Vahemere veisepraad 135

Slow Cooker Vahemere veiseliha artišokiga 137

Skinny Slow Cooker Vahemere stiilis potröst 139

Aeglase pliidi lihakook 141

Slow Cooker Vahemere veiseliha Hoagies 143

Vahemere seapraad 145

Veiseliha pitsa 147

Veiseliha ja bulguri lihapallid 150

Maitsev veiseliha ja brokkoli 152

Veiseliha maisi tšilli 153

Balsamico veiseliharoog ... 154

Sojakaste Veiseliha röstitud ... 156

Rosmariini veiseliha Chuck röstitud ... 158

Sealiha kotletid ja tomatikaste ... 160

Kana kapparikastmega ... 161

Türgi burgerid mangosalsaga ... 163

Ürdiga röstitud kalkuni rinnatükk ... 165

Kanavorst ja paprika ... 167

Kana Piccata ... 169

Ühepanniline Toscana kana ... 171

Kana Kapama ... 173

Spinati ja fetaga täidetud kana rinnad ... 175

Rosmariiniga küpsetatud kanakintsud ... 177

Kana sibula, kartuli, viigimarja ja porgandiga ... 177

Chicken Gyros Tzatzikiga ... 179

Moussaka ... 181

Dijoni ja ürdi sea sisefilee ... 183

Praad punase veini-seenekastmega ... 185

Kreeka lihapallid ... 188

Lambaliha ubadega ... 190

Kana tomati-balsamico panni kastmes ... 192

Pruuni riisi, feta, värske herne ja piparmündi salat ... 194

Oliivide ja kikerhernestega täidetud täistera pitaleib ... 196

Röstitud porgand kreeka pähklite ja Cannellini ubadega ... 198

Maitsestatud võiga määritud kana ... 200

Kahekordne juustupeekoni kana ... 202

Krevetid sidruni ja pipraga ... 204

Paneeritud ja vürtsidega paltus 206
Karri lõhe sinepiga 208
Kreeka pähkli-rosmariini kooritud lõhe 209
Kiire tomati spagetid 211
Chili Oregano küpsetatud juust 213
Krõbe Itaalia kana 214

Taimne paella

Valmistamisaeg: 25 minutit

Söögitegemise aeg: 45 minutit

Portsjonid: 6

Raskusaste: keskmine

Koostis:

- ¼ tassi oliiviõli
- 1 suur magus sibul
- 1 suur punane paprika
- 1 suur roheline paprika
- 3 küüslauguküünt, peeneks hakitud
- 1 tl suitsupaprikat
- 5 safranist niiti
- 1 suvikõrvits, lõigatud ½-tollisteks kuubikuteks
- 4 suurt küpset tomatit, kooritud, seemnetest puhastatud ja tükeldatud
- 1½ tassi lühikeseteralist Hispaania riisi
- 3 tassi köögiviljapuljongit, soojendatud

Juhised:

Kuumuta ahi temperatuurini 350 °F. Küpseta oliivõli keskmisel kuumusel. Sega juurde sibul ning punane ja roheline paprika ning küpseta 10 minutit.

Sega hulka küüslauk, paprika, safrani niidid, suvikõrvits ja tomatid. Keera kuumus keskmisele madalale ja küpseta 10 minutit.

Sega juurde riis ja köögiviljapuljong. Tõsta kuumust, et paella keeks. Aja kuumus keskmisele madalale ja küpseta 15 minutit. Mähi pann alumiiniumfooliumiga ja pane ahju.

Küpseta 10 minutit või kuni puljong on imendunud.

Toitumine (100g kohta): 288 kalorit 10 g rasva 46 g süsivesikuid 3 g valku 671 mg naatriumi

Baklažaani ja riisi pajaroog

Valmistamisaeg: 30 minutit

Söögitegemise aeg: 35 minutit

Portsjonid: 4

Raskusaste: raske

Koostis:

- Kastme jaoks
- ½ tassi oliiviõli
- 1 väike sibul, hakitud
- 4 küüslauguküünt, purustatud
- 6 küpset tomatit, kooritud ja tükeldatud
- 2 spl tomatipastat
- 1 tl kuivatatud pune
- ¼ tl jahvatatud muskaatpähklit
- ¼ tl jahvatatud köömneid
- Pajaroa jaoks
- 4 (6-tollist) Jaapani baklažaani, pikuti poolitatud
- 2 spl oliiviõli
- 1 tass keedetud riisi
- 2 spl piiniaseemneid, röstitud
- 1 tass vett

Juhised:

Kastme valmistamiseks

Küpseta oliiviõli paksupõhjalises kastrulis keskmisel kuumusel. Asetage sibul ja küpseta 5 minutit. Sega hulka küüslauk, tomatid, tomatipasta, pune, muskaatpähkel ja köömned. Keeda seejärel madalal kuumusel ja hauta 10 minutit. Eemaldage ja asetage kõrvale.

Pajaroa valmistamiseks

Eelsoojenda broiler. Kastme podisemise ajal nirista baklažaanid oliiviõliga ja aseta küpsetusplaadile. Prae umbes 5 minutit kuni kuldpruunini. Eemaldage ja laske jahtuda. Lülitage ahi 375 ° F-ni. Asetage jahutatud baklažaan, lõikepool ülespoole, 9x13-tollisse ahjuvormi. Täidise jaoks ruumi tegemiseks võsa õrnalt välja veidi viljaliha.

Sega kausis pool tomatikastmest, keedetud riis ja piiniapähklid. Täida iga baklažaanipool riisiseguga. Sega samas kausis kokku ülejäänud tomatikaste ja vesi. Vala baklažaanidele. Küpseta kaanega 20 minutit, kuni baklažaan on pehme.

Toitumine (100g kohta): 453 kalorit 39 g rasva 29 g süsivesikuid 7 g valku 820 mg naatriumi

Palju taimset kuskussi

Valmistamisaeg: 15 minutit

Söögitegemise aeg: 45 minutit

Portsjonid: 8

Raskusaste: raske

Koostis:

- ¼ tassi oliiviõli
- 1 sibul, hakitud
- 4 küüslauguküünt, hakitud
- 2 jalapeño paprikat, mitmest kohast kahvliga läbi torgatud
- ½ tl jahvatatud köömneid
- ½ tl jahvatatud koriandrit
- 1 (28 untsi) purk purustatud tomateid
- 2 spl tomatipastat
- 1/8 tl soola
- 2 loorberilehte
- 11 tassi vett, jagatud
- 4 porgandit
- 2 suvikõrvitsat, lõigatud 2-tollisteks tükkideks
- 1 tammetõru squash, poolitatud, seemnetest eemaldatud ja lõigatud 1 tolli paksusteks viiludeks
- 1 (15 untsi) purk kikerherneid, nõruta ja loputa
- ¼ tassi hakitud konserveeritud sidrunid (valikuline)

- 3 tassi kuskussi

Juhised:

Küpseta oliiviõli paksupõhjalises potis. Asetage sibul ja küpseta 4 minutit. Sega hulka küüslauk, jalapeños, köömned ja koriander. Küpseta 1 minut. Lisage tomatid, tomatipasta, sool, loorberilehed ja 8 tassi vett. Kuumuta segu keemiseni.

Lisa porgand, suvikõrvits ja tammetõru ning kuumuta uuesti keemiseni. Alanda veidi kuumust, kata kaanega ja küpseta umbes 20 minutit, kuni köögiviljad on pehmed, kuid mitte pudrused. Võtke 2 tassi keeduvedelikku ja asetage see kõrvale. Maitsesta vastavalt vajadusele.

Lisa kikerherned ja konserveeritud sidrunid (kui kasutad). Keeda paar minutit ja lülita kuumus välja.

Kuumuta keskmisel pannil ülejäänud 3 tassi vett kõrgel kuumusel keema. Sega juurde kuskuss, kata kaanega ja lülita kuumus välja. Lase kuskussil 10 minutit puhata. Nirista peale 1 tassi reserveeritud keeduvedelikku. Aja kuskuss kahvli abil kohevaks.

Kummuta see suurele vaagnale. Nirista see ülejäänud keeduvedelikuga üle. Tõsta köögiviljad potist välja ja laota peale. Serveeri ülejäänud hautis eraldi kausis.

Toitumine (100g kohta):415 kalorit 7 g rasva 75 g süsivesikuid 9 g valku 718 mg naatriumi

Kushari

Valmistamisaeg: 25 minutit

Söögitegemise aeg: 1 tund ja 20 minutit

Portsjonid: 8

Raskusaste: raske

Koostis:

- Kastme jaoks
- 2 spl oliiviõli
- 2 küüslauguküünt, hakitud
- 1 (16 untsi) purk tomatikastet
- ¼ tassi valget äädikat
- ¼ tassi Harissat või poest ostetud
- 1/8 tl soola
- Riisi jaoks
- 1 tass oliiviõli
- 2 sibulat, õhukeselt viilutatud
- 2 tassi kuivatatud pruune läätsi
- 4 liitrit pluss ½ tassi vett, jagatud
- 2 tassi lühiteralist riisi
- 1 tl soola
- 1-kilone lühikese küünarnuki pasta

- 1 (15 untsi) purk kikerherneid, nõruta ja loputa

Juhised:

Kastme valmistamiseks

Küpseta kastrulis oliiviõli. Prae küüslauk. Segage tomatikaste, äädikas, harissa ja sool. Pane kaste keema. Keera kuumus madalaks ja küpseta 20 minutit või kuni kaste on paksenenud. Eemaldage ja asetage kõrvale.

Riisi valmistamiseks

Valmista taldrik paberrätikutega ja tõsta kõrvale. Kuumuta suurel pannil keskmisel kuumusel oliiviõli. Prae sibul, sega sageli, kuni see on krõbe ja kuldne. Tõsta sibulad ettevalmistatud taldrikule ja tõsta kõrvale. Varu 2 supilusikatäit toiduõli. Reserveerige pann.

Kõrgel kuumusel segage läätsed ja 4 tassi vett potis. Laske keema tõusta ja keetke 20 minutit. Kurna ja viska peale reserveeritud 2 spl toiduõli. Kõrvale panema. Reserveerige pott.

Asetage pann, mida kasutasite sibulate praadimiseks keskmisel kõrgel kuumusel ja lisage riis, 4½ tassi vett ja sool. Kuumuta keemiseni. Seadke kuumus madalaks ja keetke 20 minutit. Lülitage välja ja jätke 10 minutiks kõrvale. Lase ülejäänud 8 tassi soolatud vett kõrgel kuumusel keema samas potis, mida kasutati läätsede keetmiseks. Tõsta pasta sisse ja küpseta 6 minutit või vastavalt pakendi juhistele. Nõruta ja tõsta kõrvale.

Koostama

Tõsta riis lusikaga serveerimisvaagnale. Lisage sellele läätsed, kikerherned ja pasta. Nirista üle kuuma tomatikastmega ja puista peale krõbedaks praetud sibul.

Toitumine (100g kohta): 668 kalorit 13 g rasva 113 g süsivesikuid 18 g valku 481 mg naatriumi

Bulgur tomatite ja kikerhernestega

Valmistamisaeg: 10 minutit

Söögitegemise aeg: 35 minutit

Portsjonid: 6

Raskusaste: keskmine

Koostis:

- ½ tassi oliiviõli
- 1 sibul, hakitud
- 6 kuubikuteks lõigatud tomatit või 1 (16 untsi) purk kuubikuteks lõigatud tomatit
- 2 spl tomatipastat
- 2 tassi vett
- 1 spl Harissa või poest ostetud
- 1/8 tl soola
- 2 tassi jämedat bulgurit
- 1 (15 untsi) purk kikerherneid, nõruta ja loputa

Juhised:

Kuumuta paksupõhjalises potis keskmisel kuumusel oliiviõli. Prae sibul, seejärel lisa tomatid koos mahlaga ja küpseta 5 minutit.

Segage tomatipasta, vesi, harissa ja sool. Kuumuta keemiseni.

Sega hulka bulgur ja kikerherned. Pane segu uuesti keema. Alanda kuumust madalale ja küpseta 15 minutit. Lase enne serveerimist 15 minutit puhata.

Toitumine (100g kohta): 413 kalorit 19 g rasva 55 g süsivesikuid 14 g valku 728 mg naatriumi

Makrell Maccheroni

Valmistamisaeg: 10 minutit

Söögitegemise aeg: 15 minutit

Portsjonid: 4

Raskusaste: lihtne

Koostis:

- 12 untsi Maccheroni
- 1 küüslauguküünt
- 14 untsi tomatikastet
- 1 oksake hakitud petersell
- 2 Värsket tšillipipart
- 1 tl soola
- 7 untsi makrell õlis
- 3 spl ekstra neitsioliiviõli

Juhised:

Alusta sellest, et pane vesi kastrulisse keema. Kuni vesi soojeneb, võta pann, vala sisse veidi õli ja veidi küüslauku ning küpseta madalal kuumusel. Kui küüslauk on keedetud, tõmmake see pannilt välja.

Lõika tšillipipar lahti, eemalda sisemised seemned ja lõika õhukesteks ribadeks.

Lisa keeduvesi ja tšillipipar samale pannile nagu enne. Seejärel võtke makrell ja pärast õli kurnamist ja kahvliga eraldamist pange see koos teiste koostisosadega pannile. Prae seda kergelt, lisades veidi keeduvett.

Kui kõik koostisosad on hästi segunenud, lisa pannile tomatipüree. Sega hästi, et kõik koostisosad ühtlustaksid, ja keeda tasasel tulel umbes 3 minutit.

Liigume edasi pasta juurde:

Kui vesi hakkab keema, lisa sool ja pasta. Nõruta maccheronid, kui need on veidi al dente, ja lisa need valmistatud kastmele.

Pruunista kastmes mõni hetk ja maitsesta peale maitsmist soola ja pipraga vastavalt oma maitsele.

Toitumine (100g kohta):510 kalorit 15,4 g rasva 70 g süsivesikuid 22,9 g valku 730 mg naatriumi

Maccheroni kirsstomatite ja anšoovistega

Valmistamisaeg: 10 minutit

Söögitegemise aeg: 15 minutit

Portsjonid: 4

Raskusaste: lihtne

Koostis:

- 14 untsi Maccheroni pasta
- 6 soolatud anšoovist
- 4 untsi kirsstomateid
- 1 küüslauguküünt
- 3 spl ekstra neitsioliiviõli
- Värske tšillipipar maitse järgi
- 3 basiiliku lehte
- Soola maitse järgi

Juhised:

Alustage vee soojendamisest potis ja lisage keemise ajal soola. Vahepeal valmista kaste: võta tomatid pärast pesemist ja lõika 4 osaks.

Nüüd võtke mittenakkuva pann, piserdage veidi õli ja visake sisse küüslauguküüs. Kui see on keedetud, eemaldage see pannilt. Lisa pannile puhtad anšoovised, sulatades need õlis.

Kui anšoovised on hästi lahustunud, lisage tükeldatud tomatitükid ja keerake kuumus kõrgeks, kuni need hakkavad pehmenema (olge ettevaatlik, et need liiga pehmeks ei muutuks).

Lisa väikesteks tükkideks lõigatud tšillipipar ilma seemneteta ja maitsesta.

Tõsta pasta keeva veega potti, nõruta al dente ja lase kastrulis mõni hetk haududa.

Toitumine (100g kohta): 476 kalorit 11 g rasva 81,4 g süsivesikuid 12,9 g valku 763 mg naatriumi

Sidruni ja krevettide risotto

Valmistamisaeg: 10 minutit

Söögitegemise aeg: 30 minutit

Portsjonid: 4

Raskusaste: lihtne

Koostis:

- 1 sidrun
- 14 untsi kooritud krevetid
- 1 ¾ tassi risotto riisi
- 1 valge sibul
- 33 fl. 1 liiter (unts) köögiviljapuljongit (ka vähem sobib)
- 2 ½ supilusikatäit võid
- ½ klaasi valget veini
- Soola maitse järgi
- Must pipar maitse järgi
- Murulauk maitse järgi

Juhised:

Alusta krevettide keetmisest soolaga maitsestatud vees 3-4 minutit, nõruta ja tõsta kõrvale.

Koori ja haki sibul peeneks, prae segades sulavõiga läbi ja kui või on kuivanud, rösti pannil riisi paar minutit.

Deglaseerige riis poole klaasi valge veiniga, seejärel lisage 1 sidruni mahl. Segage ja lõpetage riisi keetmine, lisades vajadusel lusikatäie köögiviljapuljongit.

Sega korralikult läbi ning lisa mõni minut enne keetmise lõppu eelnevalt keedetud krevetid (jättes osa neist kaunistuseks kõrvale) ja veidi musta pipart.

Kui kuumus on maha võetud, lisage näputäis võid ja segage. Risotto on serveerimiseks valmis. Kaunista ülejäänud krevettidega ja puista peale veidi murulauku.

Toitumine (100g kohta): 510 kalorit 10 g rasva 82,4 g süsivesikuid 20,6 g valku 875 mg naatriumi

Spagetid karpidega

Valmistamisaeg: 10 minutit

Söögitegemise aeg: 40 minutit

Portsjonid: 4

Raskusaste: lihtne

Koostis:

- 11,5 untsi spagette
- 2 naela karbid
- 7 untsi tomatikastet või tomati viljaliha selle roa punase versiooni jaoks
- 2 küüslauguküünt
- 4 spl ekstra neitsioliiviõli
- 1 klaas kuiva valget veini
- 1 supilusikatäis peeneks hakitud peterselli
- 1 tšillipipar

Juhised:

Alustage karpide pesemisega: ärge kunagi "puhastage" karpe – neid tohib avada ainult kuumuse abil, vastasel juhul kaob nende väärtuslik sisemine vedelik koos liivaga. Peske karbid kiiresti salatikaussi asetatud kurni abil: see filtreerib liiva kestadelt välja.

Seejärel pane nõrutatud karbid kohe kõrgele tulele kaanega kastrulisse. Pöörake neid aeg-ajalt ja kui need on peaaegu kõik avatud, võtke need tulelt maha. Karbid, mis jäävad suletuks, on surnud ja need tuleb kõrvaldada. Eemalda molluskid lahtistest, jättes osa neist tervena roogade kaunistamiseks. Kurna panni põhja jäänud vedelik ja tõsta kõrvale.

Võtke suur pann ja valage sinna veidi õli. Kuumuta tervet paprikat ja ühte või kahte purustatud küüslauguküünt väga madalal kuumusel, kuni küüned muutuvad kollakaks. Lisa karbid ja maitsesta kuiva valge veiniga.

Nüüd lisage eelnevalt kurnatud merekarp ja veidi peeneks hakitud peterselli.

Kurna ja viska spagetid kohe pannile al dente pärast rohkes soolaga maitsestatud vees keetmist. Sega hästi, kuni spagetid imavad kogu merekarpidelt vedeliku. Kui te tšillipipart ei kasutanud, puista peale kergelt valget või musta pipart.

Toitumine (100g kohta): 167 kalorit 8 g rasva 8,63 g süsivesikuid 5 g valku 720 mg naatriumi

Kreeka kalasupp

Valmistamisaeg: 10 minutit

Söögitegemise aeg: 60 minutit

Portsjonid: 4

Raskusaste: lihtne

Koostis:

- Merluus või muu valge kala
- 4 kartulit
- 4 kevadsibulat
- 2 porgandit
- 2 selleri vart
- 2 tomatit
- 4 supilusikatäit ekstra neitsioliiviõli
- 2 muna
- 1 sidrun
- 1 tass riisi
- Soola maitse järgi

Juhised:

Valige kala, mille kaal ei ületa 2,2 naela, eemaldage selle soomused, lõpused ja sooled ning peske seda hästi. Soola ja pane kõrvale.

Peske kartulid, porgandid ja sibulad ning pange need kastrulisse tervelt nii, et need immuksid, ja seejärel keema.

Lisa seller veel kimpudesse, et see küpsemise ajal laiali ei läheks, lõika tomatid neljaks osaks ja lisa ka need koos õli ja soolaga.

Kui köögiviljad on peaaegu küpsed, lisa veel vett ja kala. Keeda 20 minutit, seejärel eemalda see koos köögiviljadega puljongist.

Aseta kala serveerimisnõusse, kaunistades seda köögiviljadega ja kurna puljong. Pange puljong uuesti tulele, lahjendades seda vähese veega. Kui see keeb, pane riis sisse ja maitsesta soolaga. Kui riis on keedetud, eemaldage kastrul tulelt.

Valmista avgolemono kaste:

Klopi munad korralikult lahti ja lisa aeglaselt sidrunimahl. Pane vahukulbi veidi puljongit ja vala see pidevalt segades aeglaselt munade hulka.

Viimasena lisa saadud kaste supile ja sega korralikult läbi.

Toitumine (100g kohta): 263 kalorit 17,1 g rasva 18,6 g süsivesikuid 9 g valku 823 mg naatriumi

Venere riis krevettidega

Valmistamisaeg: 10 minutit

Söögitegemise aeg: 55 minutit

Portsjonid: 3

Raskusaste: lihtne

Koostis:

- 1 ½ tassi musta Venere riisi (parem kui aurutatud)
- 5 tl ekstra neitsioliiviõli
- 10,5 untsi krevette
- 10,5 untsi suvikõrvitsat
- 1 sidrun (mahl ja koor)
- Lauasool maitse järgi
- Must pipar maitse järgi
- 1 küüslauguküünt
- Tabasco maitse järgi

Juhised:

Alustame riisiga:

Pärast poti rohke veega täitmist ja keetmist valage riis, lisage sool ja keetke vajalik aeg (vaata pakendi küpsetusjuhiseid).

Vahepeal riivi suvikõrvits suurte aukudega riiviga. Kuumuta pannil oliiviõli koos kooritud küüslauguküünega, lisa riivitud suvikõrvits, sool ja pipar ning kuumuta 5 minutit, eemalda küüslauguküüs ja tõsta köögiviljad kõrvale.

Nüüd puhastage krevetid:

Eemaldage kest, lõigake saba, jagage need pikuti pooleks ja eemaldage sool (selja tume niit). Asetage puhastatud krevetid kaussi ja maitsestage oliiviõliga; andke sellele veidi maitset, lisades sidrunikoort, soola ja pipart ning lisades soovi korral paar tilka Tabascot.

Kuumuta krevette kuumal pannil paar minutit. Kui see on keedetud, asetage see kõrvale.

Kui Venere riis on valmis, kurna see kaussi, lisa suvikõrvitsa segu ja sega.

Toitumine (100g kohta): 293 kalorit 5 g rasva 52 g süsivesikuid 10 g valku 655 mg naatriumi

Pennette lõhe ja viinaga

Valmistamisaeg: 10 minutit

Söögitegemise aeg: 18 minutit

Portsjonid: 4

Raskusaste: lihtne

Koostis:

- 14 untsi Pennette Rigate
- 7 untsi suitsulõhe
- 1,2 untsi šalottsibul
- 1,35 fl. oz (40 ml) viin
- 5 untsi kirsstomateid
- 7 untsi värsket vedelat koort (kergema roa jaoks soovitan taimset)
- Murulauk maitse järgi
- 3 spl ekstra neitsioliiviõli
- Soola maitse järgi
- Must pipar maitse järgi
- Basiilik maitse järgi (kaunistuseks)

Juhised:

Pese ja tükelda tomatid ja murulauk. Pärast šalottsibula koorimist tükelda see noaga, pane kastrulisse ja lase mõni hetk extra virgin oliiviõlis marineerida.

Vahepeal lõika lõhe ribadeks ja prae koos õli ja šalottsibulaga.

Blenderda kõik viinaga, olge ettevaatlik, kuna võib tekkida põletik (kui leek peaks tõusma, ärge muretsege, see langeb kohe, kui alkohol on täielikult aurustunud). Lisa tükeldatud tomatid ning näpuotsaga soola ja soovi korral ka pipart. Viimasena lisa koor ja hakitud murulauk.

Kuni kaste keeb, valmista pasta. Kui vesi keeb, valage sisse Pennette ja laske neil keeda kuni al dente.

Kurna pasta ja vala Pennette kastmesse, lase neil mõni hetk küpseda, et kogu maitse endasse imbuda. Soovi korral kaunista basiilikulehega.

Toitumine (100g kohta): 620 kalorit 21,9 g rasva 81,7 g süsivesikuid 24 g valku 326 mg naatriumi

Mereannid Carbonara

Valmistamisaeg: 15 minutit

Söögitegemise aeg: 50 minutit

Portsjonid: 3

Raskusaste: lihtne

Koostis:

- 11,5 untsi spagetid
- 3,5 untsi tuunikala
- 3,5 untsi mõõkkala
- 3,5 untsi lõhet
- 6 munakollast
- 4 supilusikatäit parmesani juustu (Parmigiano Reggiano)
- 2 fl. oz (60 ml) Valge vein
- 1 küüslauguküünt
- Ekstra neitsioliiviõli maitse järgi
- Lauasool maitse järgi
- Must pipar maitse järgi

Juhised:

Valmistage potis keev vesi ja lisage veidi soola.

Vahepeal vala kaussi 6 munakollast ning lisa riivitud parmesan, pipar ja sool. Klopi vispliga läbi ja lahjenda potist võetud vähese keeduveega.

Eemalda lõhelt kõik luud, mõõkkalal soomused ning tükelda tuunikala, lõhe ja mõõkkala kuubikuteks.

Kui see keeb, viska pasta sisse ja küpseta seda veidi al dente.

Samal ajal kuumuta suurel pannil veidi õli, lisa terve kooritud küüslauguküüs. Kui õli on kuum, viska sisse kalakuubikud ja hauta kõrgel kuumusel umbes 1 minut. Eemalda küüslauk ja lisa valge vein.

Kui alkohol on aurustunud, võtke kalakuubikud välja ja alandage kuumust. Niipea kui spagetid on valmis, lisage need pannile ja hautage pidevalt segades ja vajadusel keeduvett lisades umbes minut.

Vala hulka munakollasesegu ja kalakuubikud. Sega hästi. Serveeri.

Toitumine (100g kohta): 375 kalorit 17 g rasva 41,40 g süsivesikuid 14 g valku 755 mg naatriumi

Garganelli suvikõrvitsa pesto ja krevettidega

Valmistamisaeg: 10 minutit

Söögitegemise aeg: 30 minutit

Portsjonid: 4

Raskusaste: keskmine

Koostis:

- 14 untsi munapõhine Garganelli
- Suvikõrvitsa pesto jaoks:
- 7 untsi suvikõrvitsat
- 1 tass männiseemneid
- 8 supilusikatäit (0,35 untsi) basiilikut
- 1 tl lauasoola
- 9 spl ekstra neitsioliiviõli
- 2 spl parmesani juustu riivimiseks
- 1 unts pecorinot riivimiseks
- Praetud krevettide jaoks:
- 8,8 untsi krevetid
- 1 küüslauguküünt
- 7 tl ekstra neitsioliiviõli
- Näputäis soola

Juhised:

Alustage pesto valmistamisega:

Pärast suvikõrvitsa pesemist riivi need, aseta kurn (et nad kaotaksid liigse vedeliku) ja soolad kergelt. Pane blenderisse piiniaseemned, suvikõrvits ja basiilikulehed. Lisa riivitud parmesan, pecorino ja ekstra neitsioliiviõli.

Blenderda kõik, kuni segu on kreemjas, sega näpuotsaga soola ja tõsta kõrvale.

Lülitu krevettidele:

Kõigepealt tõmmake soolestikku välja, lõigates krevetile kogu pikkuses noaga selg ja eemaldage noaotsaga sees olev must niit.

Küpseta küüslauguküünt mittenakkuval pannil ekstra neitsioliiviõliga. Kui see on pruunistunud, eemalda küüslauk ja lisa krevetid. Prae neid umbes 5 minutit keskmisel kuumusel, kuni näete väljastpoolt krõbedat koorikut.

Seejärel keetke potis soolaga maitsestatud vett ja küpsetage Garganelli. Tõsta paar lusikatäit keeduvett kõrvale ja nõruta pasta al dente.

Pane Garganelli pannile, kus krevette küpsetasid. Keeda koos minut, lisa lusikatäis keeduvett ja lõpuks lisa suvikõrvitsa pesto.

Sega kõik korralikult läbi, et pasta ja kastme seguneksid.

Toitumine (100g kohta): 776 kalorit 46 g rasva 68 g süsivesikuid 22,5 g valku 835 mg naatriumi

Lõhe risotto

Valmistamisaeg: 10 minutit

Söögitegemise aeg: 30 minutit

Portsjonid: 4

Raskusaste: keskmine

Koostis:

- 1 ¾ tassi (12,3 untsi) riisi
- 8,8 untsi lõhepihvid
- 1 porrulauk
- Ekstra neitsioliiviõli maitse järgi
- 1 küüslauguküünt
- ½ klaasi valget veini
- 3 ½ supilusikatäit riivitud Grana Padanot
- soola maitse järgi
- Must pipar maitse järgi
- 17 fl. oz (500 ml) kalapuljong
- 1 tass võid

Juhised:

Alustuseks puhastage lõhe ja lõigake see väikesteks tükkideks. Küpseta 1 spl õli pannil terve küüslauguküünega ja pruunista lõhet 2/3 minutit, lisa soola ja tõsta lõhe kõrvale, eemaldades küüslaugu.

Nüüd alustage risoto valmistamist:

Lõika porru väga väikesteks tükkideks ja lase pannil tasasel tulel kahe supilusikatäie õliga haududa. Sega juurde riis ja küpseta seda mõni sekund keskmisel-kõrgel kuumusel puulusikaga segades.

Segage valge vein ja jätkake küpsetamist, aeg-ajalt segades, püüdes mitte lasta riisil pannile kinni jääda, ja lisage järk-järgult puljong (köögivilja või kala).

Poole küpsetamise ajal lisa lõhe, või ja vajadusel näpuotsaga soola. Kui riis on hästi keedetud, eemaldage see tulelt. Sega paari supilusikatäie riivitud Grana Padanoga ja serveeri.

Toitumine (100g kohta): 521 kalorit 13 g rasva 82 g süsivesikuid 19 g valku 839 mg naatriumi

Pasta kirsstomatite ja anšoovistega

Valmistamisaeg: 15 minutit

Söögitegemise aeg: 35 minutit

Portsjonid: 4

Raskusaste: lihtne

Koostis:

- 10,5 untsi spagetid
- 1,3 naela kirsstomatid
- 9 untsi anšoovist (eelpuhastatud)
- 2 supilusikatäit kapparid
- 1 küüslauguküünt
- 1 väike punane sibul
- Petersell maitse järgi
- Ekstra neitsioliiviõli maitse järgi
- Lauasool maitse järgi
- Must pipar maitse järgi
- Mustad oliivid maitse järgi

Juhised:

Lõika küüslauguküüs, saades õhukesteks viiludeks.

Lõika kirsstomatid 2. Koori sibul ja viiluta õhukeselt.

Pane kastrulisse veidi õli koos viilutatud küüslaugu ja sibulaga. Kuumuta kõike keskmisel kuumusel 5 minutit; sega aeg-ajalt.

Kui kõik on hästi maitsestanud, lisa kirsstomatid ning näpuotsaga soola ja pipart. Küpseta 15 minutit. Vahepeal asetage pott veega pliidile ja niipea, kui see keeb, lisage sool ja pasta.

Kui kaste on peaaegu valmis, sega hulka anšoovised ja keeda paar minutit. Sega õrnalt.

Lülitage kuumus välja, tükeldage petersell ja asetage see pannile.

Kui see on keedetud, kurna pasta ja sega otse kastmesse. Lülitage kuumus mõneks sekundiks uuesti sisse.

Toitumine (100g kohta): 446 kalorit 10 g rasva 66,1 g süsivesikuid 22,8 g valku 934 mg naatriumi

Brokkoli ja vorst Orecchiette

Valmistamisaeg: 10 minutit

Söögitegemise aeg: 32 minutit

Portsjonid: 4

Raskusaste: keskmine

Koostis:

- 11,5 untsi Orecchiette
- 10,5 brokkoli
- 10,5 untsi vorsti
- 1,35 fl. oz (40 ml) Valge vein
- 1 küüslauguküünt
- 2 oksa tüümiani
- 7 tl ekstra neitsioliiviõli
- Must pipar maitse järgi
- Lauasool maitse järgi

Juhised:

Keeda pott vee ja soolaga täis. Eemaldage brokoli õisikud varrest ja lõigake pooleks või neljaks osaks, kui need on liiga suured; Seejärel pange need keevasse vette, katke pott kaanega ja keetke 6-7 minutit.

Vahepeal haki tüümian peeneks ja tõsta kõrvale. Tõmmake vorstilt sisikond ja purustage see kahvli abil õrnalt.

Prae küüslauguküüs vähese oliiviõliga ja lisa vorst. Mõne sekundi pärast lisa tüümian ja veidi valget veini.

Keeduvett välja viskamata eemalda küpsenud brokoli lusika abil ja lisa vähehaaval lihale. Keeda kõike 3-4 minutit. Eemalda küüslauk ja lisa näpuotsatäis musta pipart.

Laske veel, kus brokolit keetsite, keema tõusta, seejärel visake pasta sisse ja laske sellel keeda. Kui pasta on keedetud, kurnake see lõhikuga lusikaga ja valage see otse brokoli-vorstikastmesse. Seejärel segage hästi, lisades musta pipart ja hautades kõike pannil paar minutit.

Toitumine (100g kohta): 683 kalorit 36 g rasva 69,6 g süsivesikuid 20 g valku 733 mg naatriumi

Radicchio ja suitsupeekoni risotto

Valmistamisaeg: 10 minutit

Söögitegemise aeg: 30 minutit

Portsjonid: 3

Raskusaste: keskmine

Koostis:

- 1 ½ tassi riisi
- 14 untsi Radicchio
- 5,3 untsi suitsupeekonit
- 34 fl. unts (1l) Köögiviljapuljong
- 3,4 fl. oz (100 ml) Punane vein
- 7 tl ekstra neitsioliiviõli
- 1,7 untsi šalottsibulat
- Lauasool maitse järgi
- Must pipar maitse järgi
- 3 oksa tüümiani

Juhised:

Alustame köögiviljapuljongi valmistamisega.

Alusta radicchioga: lõika see pooleks ja eemalda keskosa (valge osa). Lõika see ribadeks, loputa hästi ja tõsta kõrvale. Lõika suitsupeekon samuti pisikesteks ribadeks.

Haki šalottsibul peeneks ja aseta vähese õliga pannile. Lase keskmisel kuumusel podiseda, lisades kulbiga puljongit, seejärel lisa peekon ja lase pruunistuda.

Umbes 2 minuti pärast lisage riis ja röstige seda sageli segades. Sel hetkel vala punane vein kõrgele kuumusele.

Kui kogu alkohol on aurustunud, jätkake keetmist, lisades korraga kulbitäie puljongit. Laske eelmisel enne teise lisamist kuivada, kuni see on täielikult keedetud. Lisage soola ja musta pipart (oleneb, kui palju otsustate lisada).

Küpsetamise lõpus lisa radicchio ribad. Segage neid hästi, kuni need on riisiga segunenud, kuid ilma neid keetmata. Lisa hakitud tüümian.

Toitumine (100g kohta): 482 kalorit 17,5 g rasva 68,1 g süsivesikuid 13 g valku 725 mg naatriumi

Pasta alla Genovese

Valmistamisaeg: 10 minutit

Söögitegemise aeg: 25 minutit

Portsjonid: 3

Raskusaste: keskmine

Koostis:

- 11,5 untsi Ziti
- 1 nael veiseliha
- 2,2 naela kuldset sibulat
- 2 untsi seller
- 2 untsi porgandit
- 1 tutt peterselli
- 3,4 fl. oz (100 ml) Valge vein
- Ekstra neitsioliiviõli maitse järgi
- Lauasool maitse järgi
- Must pipar maitse järgi
- Parmesan maitse järgi

Juhised:

Pasta valmistamiseks alustage järgmiselt:

Sibula ja porgandi koorimine ja peeneks hakkimine. Seejärel pese ja haki seller peeneks (ära viska ära lehti, mis tuleb samuti tükeldada ja kõrvale panna). Järgmiseks minge lihale, puhastage see liigsest rasvast ja lõigake 5/6 suurteks tükkideks. Lõpuks siduge sellerilehed ja petersellioksad kööginööriga, et tekiks lõhnav kobar.

Valage suurele pannile palju õli. Lisa sibul, seller ja porgand (mille olid eelnevalt kõrvale pannud) ning lase paar minutit küpseda.

Seejärel lisage lihatükid, näputäis soola ja lõhnav hunnik. Sega ja küpseta paar minutit. Järgmisena alanda kuumust ja kata kaanega.

Küpseta vähemalt 3 tundi (ära lisa vett ega puljongit, sest sibulatest eraldub kogu vajalik vedelik, mis takistab panni põhja kuivamist). Aeg-ajalt kontrollige kõike ja segage.

Pärast 3 tundi keetmist eemalda ürdikimp, tõsta veidi kuumust, lisa osa veinist ja sega.

Küpseta liha ilma kaaneta umbes tund aega, sega sageli ja lisa veini siis, kui panni põhi kuivab.

Sel hetkel võta tükk liha, lõika see lõikelaual viiludeks ja tõsta kõrvale. Tükelda ziti ja küpseta need keevas soolaga maitsestatud vees.

Kui see on keedetud, nõrutage see ja asetage see uuesti potti. Valage paar supilusikatäit keeduvett ja segage. Aseta taldrikule ja lisa veidi kastet ja murendatud liha (7. sammus kõrvale pandud). Lisa maitse järgi pipart ja riivitud parmesani.

Toitumine (100g kohta): 450 kalorit 8 g rasva 80 g süsivesikuid 14,5 g valku 816 mg naatriumi

Lillkapsa pasta Napolist

Valmistamisaeg: 15 minutit

Söögitegemise aeg: 35 minutit

Portsjonid: 3

Raskusaste: keskmine

Koostis:

- 10,5 untsi pasta
- 1 lillkapsas
- 3,4 fl. oz (100 ml) tomatipüreed
- 1 küüslauguküünt
- 1 tšillipipar
- 3 supilusikatäit ekstra neitsioliiviõli (või teelusikatäit)
- Soola maitse järgi
- Pipar maitse järgi

Juhised:

Puhasta lillkapsas hästi: eemalda välimised lehed ja vars. Lõika see väikesteks õisikuteks.

Koori küüslauguküüs, tükelda ja pruunista potis koos õli ja tšillipipraga.

Lisa tomatipüree ja lillkapsa õisikud ning lase paar minutit keskmisel kuumusel pruunistuda, seejärel kata mõne kulbi veega ja küpseta 15-20 minutit või vähemalt seni, kuni lillkapsas hakkab kreemjaks muutuma.

Kui näete, et panni põhi on liiga kuiv, lisa nii palju vett kui vaja, et segu jääks vedel.

Sel hetkel kata lillkapsas kuuma veega ja kui see keeb, lisa pasta.

Maitsesta soola ja pipraga.

Toitumine (100g kohta): 458 kalorit 18 g rasva 65 g süsivesikuid 9 g valku 746 mg naatriumi

Pasta e Fagioli apelsini ja apteegitilliga

Valmistamisaeg: 10 minutit

Söögitegemise aeg: 30 minutit

Portsjonid: 5

Raskusaste: raskusaste

Koostis:

- Ekstra neitsioliiviõli - 1 spl. pluss lisatasu serveerimise eest
- Pancetta - 2 untsi, peeneks hakitud
- Sibul - 1, peeneks hakitud
- Apteegitill – 1 sibul, varred visatud, sibul poolitatud, südamik ja peeneks hakitud
- Seller - 1 ribi, hakitud
- Küüslauk - 2 nelki, hakitud
- Anšoovisefileed – 3, loputatud ja hakitud
- Värske hakitud pune - 1 spl.
- Riivitud apelsinikoor - 2 tl.
- Apteegitilli seemned - ½ tl.
- Punase pipra helbed - ¼ tl.
- Tükeldatud tomatid – 1 (28 untsi) purk
- Parmesani juust – 1 koor, lisaks veel serveerimiseks
- Cannellini oad – 1 (7 untsi) purk, loputatud
- Kana puljong - 2 ½ tassi
- Vesi - 2 ½ tassi
- Sool ja pipar

- Orzo - 1 tass
- Värske hakitud petersell - ¼ tassi

Juhised:

Kuumutage õli Hollandi ahjus keskmisel kuumusel. Lisage pancetta. Prae segades 3–5 minutit või kuni see hakkab pruunistuma. Sega juurde seller, apteegitill ja sibul ning prae segades, kuni need on pehmenenud (umbes 5–7 minutit).

Sega hulka piprahelbed, apteegitilli seemned, apelsinikoor, pune, anšoovised ja küüslauk. Küpseta 1 minut. Sega juurde tomatid ja nende mahl. Sega juurde parmesani koor ja oad.

Hauta ja küpseta 10 minutit. Sega juurde vesi, puljong ja 1 tl. soola. Lase kõrgel kuumusel keeda. Sega juurde pasta ja küpseta al dente.

Eemaldage tulelt ja visake parmesani koor ära.

Sega juurde petersell ja maitsesta maitse järgi soola ja pipraga. Vala peale veidi oliiviõli ja riivi peale riivitud parmesan. Serveeri.

Toitumine (100g kohta): 502 kalorit 8,8 g rasva 72,2 g süsivesikuid 34,9 g valku 693 mg naatriumi

Spagetid al Limone

Valmistamisaeg: 10 minutit

Söögitegemise aeg: 15 minutit

Portsjonid: 6

Raskusaste: lihtne

Koostis:

- Ekstra neitsioliiviõli - ½ tassi
- Riivitud sidrunikoor - 2 tl.
- Sidrunimahl - 1/3 tassi
- Küüslauk – 1 nelk, hakitud pasteetiks
- Sool ja pipar
- Parmesani juust - 2 untsi, riivitud
- Spagetid - 1 nael
- hakitud värske basiilik - 6 spl.

Juhised:

Vahusta kausis küüslauk, õli, sidrunikoor, mahl, ½ tl. soola ja ¼ tl. pipar. Sega juurde parmesan ja sega kreemjaks.

Vahepeal küpseta pasta vastavalt pakendi juhistele. Nõruta ja jäta ½ tassi keeduvett alles. Lisa pastale õlisegu ja basiilik ning sega ühtlaseks. Maitsesta korralikult ja sega vajadusel keeduvett juurde. Serveeri.

Toitumine (100g kohta): 398 kalorit 20,7 g rasva 42,5 g süsivesikuid 11,9 g valku 844 mg naatriumi

Vürtsitud köögiviljakuskuss

Valmistamisaeg: 10 minutit

Söögitegemise aeg: 20 minutit

Portsjonid: 6

Raskusaste: raske

Koostis:

- Lillkapsas - 1 pea, lõigatud 1-tollisteks õisikuteks
- Ekstra neitsioliivõli - 6 spl. pluss lisatasu serveerimise eest
- Sool ja pipar
- Kuskuss - 1 ½ tassi
- Suvikõrvits - 1, lõigatud ½ tolli tükkideks
- Punane paprika – 1, varrega, seemnetega ja lõigatud ½ tolli tükkideks
- Küüslauk - 4 nelki, hakitud
- Ras el hanout - 2 tl.
- Riivitud sidrunikoor - 1 tl. lisaks sidruniviilud serveerimiseks
- Kana puljong - 1 ¾ tassi
- Värske majoraan hakitud - 1 spl.

Juhised:

Kuumuta pannil 2 spl. õli keskmisel kuumusel. Lisa lillkapsas, ¾ tl. soola ja ½ tl. pipar. Sega. Küpseta, kuni õisikud muutuvad pruuniks ja servad on lihtsalt läbipaistvad.

Eemaldage kaas ja küpseta segades 10 minutit või kuni õisikud muutuvad kuldpruuniks. Tõsta kaussi ja puhasta pann. Kuumuta 2 spl. õli pannil.

Lisa kuskuss. Küpseta ja jätka segamist 3–5 minutit või kuni terad hakkavad pruunistuma. Tõsta kaussi ja puhasta pann. Kuumuta ülejäänud 3 spl. õli pannile ja lisa paprika, suvikõrvits ja ½ tl. soola. Küpseta 8 minutit.

Sega juurde sidrunikoor, ras el hanout ja küüslauk. Küpseta, kuni see lõhnab (umbes 30 sekundit). Aseta puljongisse ja hauta. Sega hulka kuskuss. Tõmmake tulelt ja asetage pehmeks.

Lisa majoraan ja lillkapsas; seejärel segage see õrnalt kahvliga kohevaks. Nirista üle lisaõliga ja maitsesta hästi. Serveeri sidruniviiludega.

Toitumine (100g kohta): 787 kalorit 18,3 g rasva 129,6 g süsivesikuid 24,5 g valku 699 mg naatriumi

Vürtsitud küpsetatud riis apteegitilliga

Valmistamisaeg: 10 minutit

Söögitegemise aeg: 45 minutit

Portsjonid: 8

Raskusaste: keskmine

Koostis:

- Maguskartul – 1,5 naela, kooritud ja lõigatud 1-tollisteks tükkideks
- Ekstra neitsioliiviõli - ¼ tassi
- Sool ja pipar
- Apteegitill – 1 sibul, peeneks hakitud
- Väike sibul - 1, peeneks hakitud
- Pikateraline valge riis – 1 ½ tassi, loputatud
- Küüslauk - 4 nelki, hakitud
- Ras el hanout - 2 tl.
- Kana puljong - 2 ¾ tassi
- Suured kivideta soolvees kuivatatud rohelised oliivid – ¾ tassi, poolitatud
- Hakitud värske koriander - 2 spl.
- Laimi viilud

Juhised:

Asetage ahjurest keskele ja eelsoojendage ahi temperatuurini 400 F. Viska kartulid ½ tl. soola ja 2 spl. õli.

Laota kartulid ühe kihina ääristatud küpsetusplaadile ja rösti 25–30 minutit või kuni need on pehmed. Poole röstimise ajal segage kartuleid.

Tõmmake kartulid välja ja alandage ahju temperatuuri 350 F-ni. Kuumuta Hollandi ahjus ülejäänud 2 spl. õli keskmisel kuumusel.

Lisa sibul ja apteegitill; järgmiseks küpseta 5–7 minutit või kuni see on pehmenenud. Sega juurde ras el hanout, küüslauk ja riis. Prae segades 3 minutit.

Sega juurde oliivid ja puljong ning lase 10 minutit seista. Lisa kartulid riisile ja sega kahvliga õrnalt kohevaks. Maitsesta soola ja pipraga maitse järgi. Kaunista koriandriga ja serveeri laimiviiludega.

Toitumine (100g kohta): 207 kalorit 8,9 g rasva 29,4 g süsivesikuid 3,9 g valku 711 mg naatriumi

Maroko stiilis kuskuss kikerhernestega

Valmistamisaeg: 5 minutit

Söögitegemise aeg: 18 minutit

Portsjonid: 6

Raskusaste: keskmine

Koostis:

- Ekstra neitsioliiviõli – ¼ tassi, lisatasu serveerimiseks
- Kuskuss - 1 ½ tassi
- Kooritud ja tükeldatud peeneks porgandid - 2
- Peeneks hakitud sibul - 1
- Sool ja pipar
- Küüslauk - 3 nelki, hakitud
- Jahvatatud koriander - 1 tl.
- Jahvatatud ingver - tl.
- Jahvatatud aniisiseemned - ¼ tl.
- Kana puljong - 1 ¾ tassi
- Kikerherned - 1 (15 untsi) purk, loputatud
- Külmutatud herned - 1 ½ tassi
- Tükeldatud värske petersell või koriander - ½ tassi
- Sidruni viilud

Juhised:

Kuumuta 2 spl. õli pannil keskmisel kuumusel. Sega hulka kuskuss ja küpseta 3–5 minutit või kuni see hakkab pruunistuma. Tõsta kaussi ja puhasta pann.

Kuumuta ülejäänud 2 spl. õli pannil ja lisa sibul, porgand ja 1 tl. soola. Küpseta 5–7 minutit. Sega juurde aniis, ingver, koriander ja küüslauk. Küpseta, kuni see lõhnab (umbes 30 sekundit).

Sega kikerherned ja puljong ning lase keema tõusta. Sega hulka kuskuss ja herned. Kata ja tõsta tulelt. Tõsta kõrvale, kuni kuskuss on pehme.

Lisa petersell kuskussile ja puista kahvliga kokku. Piserdage lisaõliga ja maitsestage hästi. Serveeri sidruniviiludega.

Toitumine (100g kohta): 649 kalorit 14,2 g rasva 102,8 g süsivesikuid 30,1 g valku 812 mg naatriumi

Taimetoitlane paella roheliste ubade ja kikerhernestega

Valmistamisaeg: 10 minutit

Söögitegemise aeg: 35 minutit

Portsjonid: 4

Raskusaste: lihtne

Koostis:

- Näputäis safranit
- Köögiviljapuljong - 3 tassi
- Oliiviõli - 1 spl.
- Kollane sibul - 1 suur, tükeldatud
- Küüslauk - 4 nelki, viilutatud
- Punane paprika - 1, tükeldatud
- Purustatud tomatid – ¾ tassi, värsked või konserveeritud
- Tomatipasta - 2 spl.
- Kuum paprika - 1 ½ tl.
- Sool - 1 tl.
- Värskelt jahvatatud must pipar - ½ tl.
- Rohelised oad - 1 ½ tassi, lõigatud ja poolitatud
- Kikerherned – 1 (15 untsi) purk, nõruta ja loputa
- Valge lühiteraline riis - 1 tass
- Sidrun - 1, lõigatud viiludeks

Juhised:

Sega safrani niidid 3 spl. soe vesi väikeses kausis. Hauta kastrulis vett keskmisel kuumusel. Alanda kuumust ja lase podiseda.

Küpseta õli pannil keskmisel kuumusel. Sega hulka sibul ja prae segades 5 minutit. Lisage paprika ja küüslauk ning prae segades 7 minutit või kuni pipar on pehmenenud. Segage safrani-vee segu, sool, pipar, paprika, tomatipasta ja tomatid.

Lisa riis, kikerherned ja rohelised oad. Sega juurde soe puljong ja aja keema. Alanda kuumust ja hauta kaaneta 20 minutit.

Serveeri kuumalt, kaunistatud sidruniviiludega.

Toitumine (100g kohta): 709 kalorit 12 g rasva 121 g süsivesikuid 33 g valku 633 mg naatriumi

Küüslaugukrevetid tomati ja basiilikuga

Valmistamisaeg: 10 minutit

Söögitegemise aeg: 10 minutit

Portsjonid: 4

Raskusaste: lihtne

Koostis:

- Oliiviõli - 2 spl.
- Krevetid – 1 ¼ naela, kooritud ja tükeldatud
- Küüslauk - 3 nelki, hakitud
- Purustatud punase pipra helbed - 1/8 tl.
- Kuiv valge vein - ¾ tassi
- Viinamarja tomatid - 1 ½ tassi
- Peeneks hakitud värske basiilik – ¼ tassi, lisaks veel kaunistuseks
- Sool - ¾ tl.
- Jahvatatud must pipar - ½ tl.

Juhised:

Kuumuta pannil õli keskmisel-kõrgel kuumusel. Lisa krevetid ja küpseta 1 minut või kuni need on lihtsalt läbi küpsenud. Tõsta taldrikule.

Asetage punase pipra helbed ja küüslauk pannile õlisse ning küpsetage segades 30 sekundit. Sega juurde vein ja keeda, kuni see on vähenenud umbes poole võrra.

Lisa tomatid ja prae segades, kuni tomatid hakkavad lagunema (umbes 3–4 minutit). Segage reserveeritud krevetid, sool, pipar ja basiilik. Küpseta veel 1 kuni 2 minutit.

Serveeri ülejäänud basiilikuga kaunistatult.

Toitumine (100g kohta): 282 kalorit 10 g rasva 7 g süsivesikuid 33 g valku 593 mg naatriumi

Krevettide Paella

Valmistamisaeg: 10 minutit

Söögitegemise aeg: 25 minutit

Portsjonid: 4

Raskusaste: keskmine

Koostis:

- Oliiviõli - 2 spl.
- Keskmine sibul - 1, tükeldatud
- Punane paprika - 1, tükeldatud
- Küüslauk - 3 nelki, hakitud
- Näputäis safranit
- Kuum paprika - ¼ tl.
- Sool - 1 tl.
- Värskelt jahvatatud must pipar - ½ tl.
- Kana puljong - 3 tassi, jagatud
- Lühikese teraga valge riis - 1 tass
- Kooritud ja tükeldatud suured krevetid - 1 nael
- Külmutatud herned - 1 tass, sulatatud

Juhised:

Kuumuta pannil oliiviõli. Sega juurde sibul ja paprika ning prae segades 6 minutit või kuni need on pehmenenud. Lisage sool, pipar, paprika, safran ja küüslauk ning segage. Segage 2 ½ tassi puljongit ja riisi.

Laske segul keema tõusta, seejärel keetke, kuni riis on keedetud, umbes 12 minutit. Asetage krevetid ja herned riisile ning lisage ülejäänud ½ tassi puljongit.

Pane pannile kaas tagasi ja küpseta, kuni kõik krevetid on küpsed (umbes 5 minutit). Serveeri.

Toitumine (100g kohta): 409 kalorit 10 g rasva 51 g süsivesikuid 25 g valku 693 mg naatriumi

Läätsesalat oliivide, piparmündi ja fetaga

Valmistamisaeg: 60 minutit

Söögitegemise aeg: 60 minutit

Portsjonid: 6

Raskusaste: keskmine

Koostis:

- Sool ja pipar
- Prantsuse läätsed – 1 tass, korjatakse üle ja loputatakse
- Küüslauk - 5 küünt, kergelt purustatud ja kooritud
- Loorberileht - 1
- Ekstra neitsioliiviõli - 5 spl.
- Valge veini äädikas - 3 spl.
- Kalamata oliivid ilma kivideta - ½ tassi, tükeldatud
- Tükeldatud värske piparmünt - ½ tassi
- Šalottsibul - 1 suur, hakitud
- Fetajuust - 1 unts, purustatud

Juhised:

Lisage 4 tassi sooja vett ja 1 tl. soola kaussi. Lisa läätsed ja leota toatemperatuuril 1 tund. Nõruta hästi.

Asetage ahjurest keskele ja kuumutage ahi temperatuurini 325 F. Kombineerige läätsed, 4 tassi vett, küüslauku, loorberilehte ja ½ tl. soola kastrulis. Kata kastrul kaanega ja aseta ahju ning küpseta 40–60 minutit või kuni läätsed on pehmed.

Nõruta läätsed hästi, visake küüslauk ja loorberileht ära. Vahusta suures kausis õli ja äädikas. Lisage šalottsibul, piparmünt, oliivid ja läätsed ning segage.

Maitsesta soola ja pipraga maitse järgi. Aseta ilusti serveerimisnõusse ja kaunista fetaga. Serveeri.

Toitumine (100g kohta): 249 kalorit 14,3 g rasva 22,1 g süsivesikuid 9,5 g valku 885 mg naatriumi

Kikerherned küüslaugu ja peterselliga

Valmistamisaeg: 5 minutit

Söögitegemise aeg: 20 minutit

Portsjonid: 6

Raskusaste: keskmine

Koostis:

- Ekstra neitsioliiviõli - ¼ tassi
- Küüslauk - 4 nelki, õhukesteks viiludeks
- Punase pipra helbed - 1/8 tl.
- Sibul - 1, hakitud
- Sool ja pipar
- Kikerherned – 2 (15 untsi) purki, loputatud
- Kana puljong - 1 tass
- Värske hakitud petersell - 2 spl.
- Sidrunimahl - 2 tl.

Juhised:

Lisage pannile 3 spl. õli ja küpseta küüslauku ja piprahelbeid 3 minutit. Segage sibul ja ¼ tl. soola ja küpseta 5–7 minutit.

Sega hulka kikerherned ja puljong ning lase keema tõusta. Alanda kuumust ja hauta tasasel tulel kaane all 7 minutit.

Avage kaas ja seadke kuumus kõrgeks ning küpseta 3 minutit või kuni kogu vedelik on aurustunud. Tõsta kõrvale ja sega hulka sidrunimahl ja petersell.

Maitsesta soola ja pipraga maitse järgi. Nirista 1 spl. õli ja serveeri.

Toitumine (100g kohta): 611 kalorit 17,6 g rasva 89,5 g süsivesikuid 28,7 g valku 789 mg naatriumi

Hautatud kikerherned baklažaani ja tomatiga

Valmistamisaeg: 10 minutit
Söögitegemise aeg: 60 minutit
Portsjonid: 6
Raskusaste: lihtne

Koostis:

- Ekstra neitsioliiviõli - ¼ tassi
- Sibul - 2, hakitud
- Roheline paprika - 1, peeneks hakitud
- Sool ja pipar
- Küüslauk - 3 nelki, hakitud
- Värske hakitud pune - 1 spl.
- Loorberilehed - 2
- Baklažaan - 1 nael, lõigatud 1-tollisteks tükkideks
- Terved kooritud tomatid – 1 purk, mahlaga kurnatud, reserveeritud, tükeldatud
- Kikerherned – 2 (15 untsi) purki, kurnatud 1 tassi vedelikuga

Juhised:

Asetage ahjurest alumisele-keskmisele osale ja kuumutage ahi temperatuurini 400 F. Kuumutage õli Hollandi ahjus. Lisage paprika, sibul, ½ tl. soola ja ¼ tl. pipar. Prae segades 5 minutit.

Sega juurde 1 tl. pune, küüslauk ja loorberilehed ning küpseta 30 sekundit. Segage tomatid, baklažaan, reserveeritud mahl, kikerherned ja vedelik ning laske keema tõusta. Tõsta pott ahju ja küpseta ilma kaaneta 45–60 minutit. Kaks korda segades.

Viska loorberilehed ära. Sega juurde ülejäänud 2 tl. pune ja maitsesta soola ja pipraga. Serveeri.

Toitumine (100g kohta): 642 kalorit 17,3 g rasva 93,8 g süsivesikuid 29,3 g valku 983 mg naatriumi

Kreeka sidruni riis

Valmistamisaeg: 20 minutit

Söögitegemise aeg: 45 minutit

Portsjonid: 6

Raskusaste: keskmine

Koostis:

- Pikateraline riis – 2 tassi keetmata (leotatud 20 minutit külmas vees, seejärel kurnatud)
- Ekstra neitsioliiviõli - 3 spl.
- Kollane sibul - 1 keskmine, tükeldatud
- Küüslauk - 1 nelk, hakitud
- Orzo pasta - ½ tassi
- 2 sidruni mahl ja 1 sidruni koor
- Madala naatriumisisaldusega puljong - 2 tassi
- Näputäis soola
- Hakitud petersell - 1 suur peotäis
- tilli umbrohi - 1 tl.

Juhised:

Kuumuta potis 3 spl. ekstra neitsioliiviõli. Lisa sibulad ja prae segades 3-4 minutit. Lisa orzo pasta ja küüslauk ning sega läbi.

Seejärel viska peale riis katteks. Lisa puljong ja sidrunimahl. Kuumuta keemiseni ja alanda kuumust. Katke ja küpseta umbes 20 minutit.

Tõsta tulelt. Kata ja jäta 10 minutiks kõrvale. Avage ja segage sidrunikoor, tilli umbrohi ja petersell. Serveeri.

Toitumine (100g kohta): 145 kalorit 6,9 g rasva 18,3 g süsivesikuid 3,3 g valku 893 mg naatriumi

Küüslaugu-ürdi riis

Valmistamisaeg: 10 minutit

Söögitegemise aeg: 30 minutit

Portsjonid: 4

Raskusaste: lihtne

Koostis:

- Ekstra neitsioliiviõli - ½ tassi, jagatud
- Suured küüslauguküüned – 5, hakitud
- Pruun jasmiini riis - 2 tassi
- Vesi - 4 tassi
- Meresool - 1 tl.
- Must pipar - 1 tl.
- Tükeldatud värske murulauk - 3 spl.
- hakitud värske petersell - 2 spl.
- Tükeldatud värske basiilik - 1 spl.

Juhised:

Lisage kastrulisse ¼ tassi oliiviõli, küüslauk ja riis. Sega ja kuumuta keskmisel kuumusel. Sega juurde vesi, meresool ja must pipar. Järgmisena segage uuesti.

Kuumuta keemiseni ja alanda kuumust. Hauta kaaneta, aeg-ajalt segades.

Kui vesi on peaaegu imendunud, segage ülejäänud ¼ tassi oliiviõli koos basiiliku, peterselli ja murulauguga.

Segage, kuni ürdid on segunenud ja kogu vesi on imendunud.

Toitumine (100g kohta): 304 kalorit 25,8 g rasva 19,3 g süsivesikuid 2 g valku 874 mg naatriumi

Vahemere riisi salat

Valmistamisaeg: 10 minutit

Söögitegemise aeg: 25 minutit

Portsjonid: 4

Raskusaste: keskmine

Koostis:

- Ekstra neitsioliiviõli - ½ tassi, jagatud
- Pikateraline pruun riis - 1 tass
- Vesi - 2 tassi
- Värske sidrunimahl - ¼ tassi
- Küüslauguküüs - 1, hakitud
- Hakitud värske rosmariin - 1 tl.
- Hakitud värske piparmünt - 1 tl.
- Belgia endiivia – 3, tükeldatud
- Punane paprika - 1 keskmine, tükeldatud
- Kasvuhoonekurk – 1, tükeldatud
- Tükeldatud terve roheline sibul - ½ tassi
- Tükeldatud Kalamata oliivid - ½ tassi
- Punase pipra helbed - ¼ tl.
- Purustatud fetajuust - ¾ tassi
- Meresool ja must pipar

Juhised:

Kuumuta kastrulis madalal kuumusel ¼ tassi oliiviõli, riisi ja näpuotsaga soola. Sega riisi katmiseks. Lisa vesi ja lase podiseda, kuni vesi on imendunud. Aeg-ajalt segades. Vala riis suurde kaussi ja jahuta.

Teises kausis segage kokku ülejäänud ¼ tassi oliiviõli, punase pipra helbed, oliivid, roheline sibul, kurk, paprika, endiivia, piparmünt, rosmariin, küüslauk ja sidrunimahl.

Pange riis segule ja segage. Sega õrnalt hulka fetajuust.

Maitse ja maitsesta. Serveeri.

Toitumine (100g kohta): 415 kalorit 34 g rasva 28,3 g süsivesikuid 7 g valku 4755 mg naatriumi

Värske ubade ja tuunikala salat

Valmistamisaeg: 5 minutit

Söögitegemise aeg: 20 minutit

Portsjonid: 6

Raskusaste: lihtne

Koostis:

- Kooritud (shucked) värsked oad - 2 tassi
- Loorberilehed - 2
- Ekstra neitsioliiviõli - 3 spl.
- Punase veini äädikas - 1 spl.
- Sool ja must pipar
- Parima kvaliteediga tuunikala – 1 (6 untsi) konserv, pakitud oliiviõlisse
- soolatud kapparid - 1 spl. leotatud ja kuivatatud
- Peeneks hakitud lamedate lehtedega petersell – 2 spl.
- Punane sibul - 1, viilutatud

Juhised:

Keeda potis kergelt soolaga maitsestatud vesi. Lisa oad ja loorberilehed; järgmiseks küpseta 15–20 minutit või kuni oad on pehmed, kuid siiski kõvad. Nõruta, visake aromaatsed ained ära ja tõsta kaussi.

Kastke oad kohe äädika ja õliga. Lisa sool ja must pipar. Sega korralikult läbi ja maitsesta. Nõruta tuunikala ja helbed tuunikala viljaliha oasalatisse. Lisa petersell ja kapparid. Viska segamini ja puista peale punase sibula viilud. Serveeri.

Toitumine (100g kohta): 85 kalorit 7,1 g rasva 4,7 g süsivesikuid 1,8 g valku 863 mg naatriumi

Maitsev kana pasta

Valmistamisaeg: 10 minutit

Söögitegemise aeg: 17 minutit

Portsjonid: 4

Raskusaste: lihtne

Koostis:

- 3 kanarinda, nahata, kondita, tükkideks lõigatud
- 9 untsi täisterapastat
- 1/2 tassi oliive, viilutatud
- 1/2 tassi päikesekuivatatud tomateid
- 1 spl röstitud punast paprikat, hakitud
- 14 untsi tomatipurk, kuubikuteks lõigatud
- 2 tassi marinara kastet
- 1 tass kanapuljongit
- Pipar
- soola

Juhised:

Sega kiirpotti kõik koostisosad peale täisterapasta.

Sulgege kaas ja küpseta kõrgel kuumusel 12 minutit.

Kui olete valmis, laske rõhul loomulikult vabaneda. Eemaldage kaas.

Lisa pasta ja sega korralikult läbi. Sulgege pott uuesti ja valige käsitsi ja seadke taimer 5 minutiks.

Kui olete lõpetanud, vabastage rõhk 5 minutiks, seejärel vabastage järelejäänud osa kiirvabastusega. Eemaldage kaas. Sega korralikult läbi ja serveeri.

Toitumine (100g kohta): 615 kalorit 15,4 g rasva 71 g süsivesikuid 48 g valku 631 mg naatriumi

Maitsed Taco Rice Bowl

Valmistamisaeg: 10 minutit

Söögitegemise aeg: 14 minutit

Portsjonid: 8

Raskusaste: keskmine

Koostis:

- 1 nael veisehakkliha
- 8 untsi cheddari juustu, hakitud
- 14 untsi punaseid ube
- 2 untsi taco maitseainet
- 16 untsi salsat
- 2 tassi vett
- 2 tassi pruuni riisi
- Pipar
- soola

Juhised:

Lülitage kiirpott küpsetusrežiimile.

Lisa potti liha ja prae pruuniks.

Lisa vesi, oad, riis, taco maitseaine, pipar ja sool ning sega korralikult läbi.

Kõige peale salsa. Sulgege kaas ja küpseta kõrgel kuumusel 14 minutit.

Kui olete valmis, vabastage surve kiirvabastusega. Eemaldage kaas.

Sega hulka cheddari juust ja sega, kuni juust on sulanud.

Serveeri ja naudi.

Toitumine (100g kohta): 464 kalorit 15,3 g rasva 48,9 g süsivesikuid 32,2 g valku 612 mg naatriumi

Maitsekas Mac & Cheese

Valmistamisaeg: 10 minutit

Söögitegemise aeg: 10 minutit

Portsjonid: 6

Raskusaste: lihtne

Koostis:

- 16 untsi täistera küünarnuki pasta
- 4 tassi vett
- 1 tass tomatipurgi, tükeldatud
- 1 tl küüslauku, hakitud
- 2 spl oliiviõli
- 1/4 tassi rohelist sibulat, hakitud
- 1/2 tassi parmesani juustu, riivitud
- 1/2 tassi mozzarella juustu, riivitud
- 1 tass cheddari juustu, riivitud
- 1/4 tassi Passatat
- 1 tass magustamata mandlipiima
- 1 tass marineeritud artišokki, tükeldatud
- 1/2 tassi päikesekuivatatud tomateid, viilutatud
- 1/2 tassi oliive, viilutatud
- 1 tl soola

Juhised:

Lisa pasta, vesi, tomatid, küüslauk, õli ja sool kiirpotti ning sega korralikult läbi. Katke kaas ja küpseta kõrgel kuumusel.

Kui olete valmis, vabastage rõhk mõneks minutiks ja seejärel vabastage järelejäänud, kasutades kiirtühjendust. Eemaldage kaas.

Lülitage pott küpsetusrežiimile. Lisa roheline sibul, parmesani juust, mozzarella juust, cheddari juust, passata, mandlipiim, artišokk, päikesekuivatatud tomatid ja oliiv. Sega hästi.

Sega hästi ja küpseta, kuni juust on sulanud.

Serveeri ja naudi.

Toitumine (100g kohta): 519 kalorit 17,1 g rasva 66,5 g süsivesikuid 25 g valku 588 mg naatriumi

Kurgi-oliivi riis

Valmistamisaeg: 10 minutit
Söögitegemise aeg: 10 minutit
Portsjonid: 8
Raskusaste: keskmine

Koostis:

- 2 tassi riisi, loputatud
- 1/2 tassi oliive, kivideta
- 1 tass kurki, tükeldatud
- 1 spl punase veini äädikat
- 1 tl sidrunikoort, riivitud
- 1 spl värsket sidrunimahla
- 2 spl oliiviõli
- 2 tassi köögiviljapuljongit
- 1/2 tl kuivatatud pune
- 1 punane paprika, tükeldatud
- 1/2 tassi sibulat, hakitud
- 1 spl oliiviõli
- Pipar
- soola

Juhised:

Lisa kiirpoti sisemisse potti õli ja vali pott hautamisrežiimil. Lisa sibul ja prae 3 minutit. Lisa paprika ja pune ning prae 1 minut.

Lisa riis ja puljong ning sega korralikult läbi. Sulgege kaas ja küpseta kõrgel kuumusel 6 minutit. Kui olete valmis, laske 10 minutit survet vabastada, seejärel vabastage ülejäänud osa kiirvabastusega. Eemaldage kaas.

Lisa ülejäänud koostisosad ja sega kõik korralikult läbi. Serveeri kohe ja naudi.

Toitumine (100g kohta): 229 kalorit 5,1 g rasva 40,2 g süsivesikuid 4,9 g valku 210 mg naatriumi

Maitsed Herb Risotto

Valmistamisaeg: 10 minutit

Söögitegemise aeg: 15 minutit

Portsjonid: 4

Raskusaste: keskmine

Koostis:

- 2 tassi riisi
- 2 spl parmesani juustu, riivitud
- 3,5 untsi rasket koort
- 1 spl värsket pune, hakitud
- 1 spl värsket basiilikut, hakitud
- 1/2 spl salvei, hakitud
- 1 sibul, hakitud
- 2 spl oliiviõli
- 1 tl küüslauku, hakitud
- 4 tassi köögiviljapuljongit
- Pipar
- soola

Juhised:

Lisa kiirpoti sisemisse anumasse õli ja klõpsa potti pruunistamisrežiimile. Lisa kiirpoti sisemisele pannile küüslauk ja sibul ning vajuta pott hautamisrežiimile. Lisa küüslauk ja sibul ning prae 2-3 minutit.

Lisa ülejäänud koostisosad, välja arvatud parmesani juust ja koor ning sega korralikult läbi. Sulgege kaas ja küpseta kõrgel kuumusel 12 minutit.

Kui see on tehtud, vabastage rõhk 10 minutit, seejärel vabastage ülejäänud kiirvabastusega. Eemaldage kaas. Sega juurde koor ja juust ning serveeri.

Toitumine (100g kohta): 514 kalorit 17,6 g rasva 79,4 g süsivesikuid 8,8 g valku 488 mg naatriumi

Maitsev Pasta Primavera

Valmistamisaeg: 10 minutit

Söögitegemise aeg: 4 minutit

Portsjonid: 4

Raskusaste: lihtne

Koostis:

- 8 untsi täistera penne pasta
- 1 spl värsket sidrunimahla
- 2 spl värsket peterselli, hakitud
- 1/4 tassi tükeldatud mandleid
- 1/4 tassi parmesani juustu, riivitud
- 14 untsi tomatipurk, kuubikuteks lõigatud
- 1/2 tassi ploome
- 1/2 tassi suvikõrvitsat, tükeldatud
- 1/2 tassi sparglit
- 1/2 tassi porgandit, tükeldatud
- 1/2 tassi brokkolit, tükeldatud
- 1 3/4 tassi köögiviljapuljongit
- Pipar
- soola

Juhised:

Lisa puljong, pars, tomatid, ploomid, suvikõrvits, spargel, porgand ja spargelkapsas kiirpotti ning sega korralikult läbi. Sulgege ja küpseta kõrgel temperatuuril 4 minutit. Kui olete valmis, vabastage surve kiirvabastusega. Võtke kaas välja. Sega ülejäänud koostisosad korralikult läbi ja serveeri.

Toitumine (100g kohta): 303 kalorit 2,6 g rasva 63,5 g süsivesikuid 12,8 g valku 918 mg naatriumi

Röstitud pipra pasta

Valmistamisaeg: 10 minutit
Söögitegemise aeg: 13 minutit
Portsjonid: 6
Raskusaste: keskmine

Koostis:

- 1 nael täistera penne pasta
- 1 spl Itaalia maitseainet
- 4 tassi köögiviljapuljongit
- 1 spl küüslauku, hakitud
- 1/2 sibulat, hakitud
- 14 untsi purki röstitud punane paprika
- 1 tass fetajuustu, purustatud
- 1 spl oliiviõli
- Pipar
- soola

Juhised:

Lisa blenderisse röstitud pipar ja blenderda ühtlaseks massiks. Valage kiirpoti sisemisse potti õli ja lülitage kann sauteerimisrežiimile. Lisage kiirpoti sisemisse tassi küüslauk ja sibul ning pange pott praadima. Lisa küüslauk ja sibul ning prae 2-3 minutit.

Lisa segatud röstitud pipar ja hauta 2 minutit.

Lisa ülejäänud koostisosad, välja arvatud fetajuust, ja sega korralikult läbi. Sulgege see tihedalt ja küpseta kõrgel temperatuuril 8 minutit. Kui olete valmis, vabastage rõhk loomulikult 5 minutiks, seejärel vabastage ülejäänud osa kiirvabastusega. Eemaldage kaas. Pea peale fetajuust ja serveeri.

Toitumine (100g kohta): 459 kalorit 10,6 g rasva 68,1 g süsivesikuid 21,3 g valku 724 mg naatriumi

Juust Basiilik Tomat riis

Valmistamisaeg: 10 minutit

Söögitegemise aeg: 26 minutit

Portsjonid: 8

Raskusaste: keskmine

Koostis:

- 1 1/2 tassi pruuni riisi
- 1 tass parmesani juustu, riivitud
- 1/4 tassi värsket basiilikut, hakitud
- 2 tassi viinamarja tomateid, poolitatud
- 8 untsi purki tomatikastet
- 1 3/4 tassi köögiviljapuljongit
- 1 spl küüslauku, hakitud
- 1/2 tassi sibulat, tükeldatud
- 1 spl oliiviõli
- Pipar
- soola

Juhised:

Valage kiirpoti sisemisse kaussi õli ja valige pann pruunistamiseks.

Pane kiirpoti sisemisse anumasse küüslauk ja sibul ning hauta.

Sega hulka küüslauk ja sibul ning prae 4 minutit. Lisa riis, tomatikaste, puljong, pipar ja sool ning sega korralikult läbi.

Sulgege see ja küpseta kõrgel temperatuuril 22 minutit.

Kui olete valmis, laske sellel 10 minutit rõhku vabastada, seejärel vabastage ülejäänud osa kiirvabastusega. Eemaldage kork. Segage ülejäänud koostisosad ja segage. Serveeri ja naudi.

Toitumine (100g kohta): 208 kalorit 5,6 g rasva 32,1 g süsivesikuid 8,3 g valku 863 mg naatriumi

Mac ja juust

Valmistamisaeg: 10 minutit

Söögitegemise aeg: 4 minutit

Portsjonid: 8

Raskusaste: lihtne

Koostis:

- 1 nael täisterapastat
- 1/2 tassi parmesani juustu, riivitud
- 4 tassi cheddari juustu, tükeldatud
- 1 tass piima
- 1/4 tl küüslaugupulbrit
- 1/2 tl jahvatatud sinepit
- 2 spl oliiviõli
- 4 tassi vett
- Pipar
- soola

Juhised:

Lisa kiirpotti pasta, küüslaugupulber, sinep, õli, vesi, pipar ja sool. Sulgege tihedalt ja küpseta kõrgel kuumusel 4 minutit. Kui olete valmis, vabastage surve kiirvabastusega. Avage kaas. Pange ülejäänud koostisosad ja segage hästi ning serveerige.

Toitumine (100g kohta): 509 kalorit 25,7 g rasva 43,8 g süsivesikuid 27,3 g valku 766 mg naatriumi

Tuunikala pasta

Valmistamisaeg: 10 minutit

Söögitegemise aeg: 8 minutit

Portsjonid: 6

Raskusaste: keskmine

Koostis:

- 10 untsi tuunikala purki, nõrutatud
- 15 untsi täistera nisu rotini pasta
- 4 untsi mozzarella juustu, kuubikuteks
- 1/2 tassi parmesani juustu, riivitud
- 1 tl kuivatatud basiilikut
- 14 untsi tomat
- 4 tassi köögiviljapuljongit
- 1 spl küüslauku, hakitud
- 8 untsi seeni, viilutatud
- 2 suvikõrvitsat, viilutatud
- 1 sibul, hakitud
- 2 spl oliiviõli
- Pipar
- soola

Juhised:

Vala kiirpoti sisemisse potti õli ja suru pott hautamiseks. Lisa seened, suvikõrvits ja sibul ning prae, kuni sibul on pehmenenud. Lisa küüslauk ja prae minut aega.

Lisa pasta, basiilik, tuunikala, tomatid ja puljong ning sega korralikult läbi. Sulgege ja küpseta kõrgel temperatuuril 4 minutit. Kui olete lõpetanud, vabastage rõhk 5 minutiks, seejärel vabastage ülejäänud osa kiirvabastusega. Eemaldage kaas. Lisa ülejäänud koostisosad ja sega korralikult ning serveeri.

Toitumine (100g kohta): 346 kalorit 11,9 g rasva 31,3 g süsivesikuid 6,3 g valku 830 mg naatriumi

Avokaado ja kalkuni segu Panini

Valmistamisaeg: 5 minutit

Söögitegemise aeg: 8 minutit

Portsjonid: 2

Raskusaste: lihtne

Koostis:

- 2 punast paprikat, röstitud ja viilutatud ribadeks
- ¼ naela õhukeselt viilutatud mesquite'i suitsutatud kalkunirind
- 1 tass terveid värskeid spinati lehti, jagatud
- 2 viilu provolone juustu
- 1 spl oliiviõli, jagatud
- 2 ciabatta rulli
- ¼ tassi majoneesi
- ½ küpset avokaadot

Juhised:

Püreesta kausis põhjalikult majonees ja avokaado. Seejärel eelsoojendage Panini press.

Lõika saiakesed pooleks ja määri saia siseküljed oliiviõliga. Seejärel täitke see täidisega, asetades need kihiti: provolone, kalkuni rinnatükk, röstitud punane pipar, spinatilehed ja määrige avokaado segu ning katke teise saiaviiluga.

Asetage võileib Panini pressi ja grillige 5–8 minutit, kuni juust on sulanud ning leib on krõbe ja koorunud.

Toitumine (100g kohta): 546 kalorit 34,8 g rasva 31,9 g süsivesikuid 27,8 g valku 582 mg naatriumi

Kurgi-, kana- ja mangomähis

Valmistamisaeg: 5 minutit

Söögitegemise aeg: 20 minutit

Portsjonid: 1

Raskusaste: raske

Koostis:

- ½ pikisuunas lõigatud keskmisest kurgist
- ½ küpset mangot
- 1 spl salatikastet valikuliselt
- 1 täistera tortilla wrap
- 1-tolline paksune umbes 6-tolline kana rinnatükk
- 2 spl õli praadimiseks
- 2 spl täistera nisujahu
- 2 kuni 4 salatilehte
- Sool ja pipar maitse järgi

Juhised:

Lõika kanarind 1-tollisteks ribadeks ja küpseta lihtsalt kokku 6-tollisteks ribadeks. See oleks nagu kaks riba kana. Hoidke allesjäänud kana edaspidiseks kasutamiseks.

Maitsesta kana pipra ja soolaga. Kalla sisse täistera nisujahu.

Asetage keskmisele tulele väike ja nakkumatu pann ja kuumutage õli. Kui õli on kuum, lisa kanaribad ja prae kuldpruuniks umbes 5 minutit mõlemalt poolt.

Kana küpsemise ajal asetage tortillamähised ahju ja küpsetage 3–5 minutit. Seejärel tõsta kõrvale ja tõsta taldrikule.

Viiluta kurk pikuti, kasuta sellest ainult ½ ja säilita ülejäänud kurk. Koori kurk neljandikku ja eemalda sisemus. Asetage kaks kurgiviilu tortilla ümbrisele, servast 1 tolli kaugusel.

Viiluta mango ja lao teine pool koos seemnetega. Koori mango ilma seemneta, viiluta ribadeks ja tõsta kurgi peale tortilla wrapile.

Kui kana on küpsetatud, asetage kana kurgi kõrvale ritta.

Lisa kurgileht, nirista peale soovi korral salatikastet.

Keera tortilla wrap rulli, serveeri ja naudi.

Toitumine (100g kohta): 434 kalorit 10 g rasva 65 g süsivesikuid 21 g valku 691 mg naatriumi

Fattoush – Lähis-Ida leib

Valmistamisaeg: 10 minutit
Söögitegemise aeg: 15 minutit
Portsjonid: 6
Raskusaste: raske

Koostis:

- 2 pätsi pita leiba
- 1 spl ekstra neitsioliiviõli
- 1/2 tl sumahhi, rohkem hilisemaks
- Sool ja pipar
- 1 süda Rooma salatit
- 1 inglise kurk
- 5 roma tomatit
- 5 rohelist sibulat
- 5 redist
- 2 tassi hakitud värskeid peterselli lehti
- 1 tass hakitud värskeid piparmündi lehti
- Kastme koostisained:
- 1 1/2 laimi, mahl
- 1/3 tassi ekstra neitsioliiviõli
- Sool ja pipar
- 1 tl jahvatatud sumakit
- 1/4 tl jahvatatud kaneeli
- napp 1/4 tl jahvatatud piment

Juhised:

Rösti pitaleiba röstri ahjus 5 minutit. Ja siis murda pita leib tükkideks.

Kuumuta suurel pannil keskmisel kuumusel 3 sl oliiviõli 3 minutit. Lisa pitaleib ja prae kuni pruunistumiseni umbes 4 minutit, samal ajal ringi viskades.

Lisa sool, pipar ja 1/2 tl sumakit. Tõsta pita laastud tulelt kõrvale ja pane paberrätikutesse nõrguma.

Visake tükeldatud salat, kurk, tomatid, roheline sibul, viilutatud redis, piparmündilehed ja petersell hästi suurde salatikaussi.

Laimivinegreti valmistamiseks vispelda kõik koostisosad väikeses kausis kokku.

Sega kaste salatile ja sega korralikult läbi. Sega hulka pita leib.

Serveeri ja naudi.

Toitumine (100g kohta): 192 kalorit 13,8 g rasvad 16,1 g süsivesikuid 3,9 g valku 655 mg naatriumi

Küüslaugu ja tomati gluteenivaba Focaccia

Valmistamisaeg: 5 minutit
Söögitegemise aeg: 20 minutit
Portsjonid: 8
Raskusaste: raske

Koostis:

- 1 muna
- ½ tl sidrunimahla
- 1 spl mett
- 4 spl oliiviõli
- Näputäis suhkrut
- 1 ¼ tassi sooja vett
- 1 spl aktiivset kuivpärmi
- 2 tl rosmariini, hakitud
- 2 tl tüümiani, hakitud
- 2 tl basiilikut, hakitud
- 2 küüslauguküünt, hakitud
- 1 ¼ tl meresoola
- 2 tl ksantaankummi
- ½ tassi hirsijahu
- 1 tass kartulitärklist, mitte jahu
- 1 tass sorgojahu
- Gluteenivaba maisijahu tolmutamiseks

Juhised:

Lülitage ahi 5 minutiks sisse ja seejärel välja, hoides ahju ust suletuna.

Segage soe vesi ja näputäis suhkrut. Lisa pärm ja sega õrnalt. Jätke 7 minutiks.

Vahusta suures segamiskausis hästi ürdid, küüslauk, sool, ksantaankummi, tärklis ja jahu. Kui pärm on tahkunud, valage jahukaussi. Klopi juurde muna, sidrunimahl, mesi ja oliiviõli.

Segage hoolikalt ja asetage hästi määritud kandilisele pannile, mis on üle puistatud maisijahuga. Kõige peale lisa värske küüslauk, rohkem ürte ja viilutatud tomateid. Aseta soojendatud ahju ja lase pool tundi kerkida.

Lülitage ahi sisse temperatuurini 375oF ja pärast eelsoojendusaega 20 minutit. Focaccia valmib siis, kui pealsed on kergelt pruunistunud. Eemaldage kohe ahjust ja pannist ning laske jahtuda. Parim serveerida soojalt.

Toitumine (100g kohta): 251 kalorit 9 g rasva 38,4 g süsivesikuid 5,4 g valku 366 mg naatriumi

Grillitud burgerid seentega

Valmistamisaeg: 15 minutit

Söögitegemise aeg: 10 minutit

Portsjonid: 4

Raskusaste: keskmine

Koostis:

- 2 Bibb salatit, poolitatud
- 4 viilu punast sibulat
- 4 viilu tomatit
- 4 täisterakuklit, röstitud
- 2 spl oliiviõli
- ¼ tl Cayenne'i pipart, valikuline
- 1 küüslauguküüs, hakitud
- 1 spl suhkrut
- ½ tassi vett
- 1/3 tassi palsamiäädikat
- 4 suurt Portobello seenekübarat, läbimõõduga umbes 5 tolli

Juhised:

Eemalda seentelt varred ja puhasta niiske lapiga. Tõsta ahjuvormi, lõpuse pool üleval.

Sega kausis hoolikalt oliiviõli, Cayenne'i pipar, küüslauk, suhkur, vesi ja äädikas. Vala seentele ja marineeri seeni vähemalt tund aega.

Kui tund on peaaegu täis, eelsoojendage grill keskmisel kuumusel ja määrige grillrest.

Grilli seeni viis minutit mõlemalt poolt või kuni need on pehmed. Määri seened marinaadiga, et see ära ei kuivaks.

Kokkupanemiseks aseta taldrikule ½ saiakuklit, selle peale sibulaviil, seen, tomat ja üks salatileht. Kata kukli teise ülemise poolega. Korrake protsessi ülejäänud koostisosadega, serveerige ja nautige.

Toitumine (100g kohta): 244 kalorit 9,3 g rasva 32 g süsivesikuid 8,1 g valku 693 mg naatriumi

Vahemere Baba Ghanoush

Valmistamisaeg: 10 minutit
Söögitegemise aeg: 25 minutit
Portsjonid: 4
Raskusaste: keskmine

Koostis:

- 1 sibul küüslauk
- 1 punane paprika, poolitatud ja seemnetest puhastatud
- 1 spl hakitud värsket basiilikut
- 1 spl oliiviõli
- 1 tl musta pipart
- 2 baklažaani, pikuti viilutatud
- 2 ringi lameleiba või pitat
- 1 sidruni mahl

Juhised:

Pintselda grillresti küpsetusspreiga ja eelkuumuta grill keskmisele kõrgele.

Viiluta küüslaugu sibulapealsed ja mähi fooliumisse. Aseta grilli jahedamasse ossa ja rösti vähemalt 20 minutit. Asetage paprika ja baklažaani viilud grilli kõige kuumemale osale. Grill mõlemalt poolt.

Kui sibulad on valmis, eemaldage röstitud küüslaugu koored ja asetage koorunud küüslauk köögikombaini. Lisa oliiviõli, pipar, basiilik, sidrunimahl, grillitud punane paprika ja grillitud baklažaan. Püreesta ja vala kaussi.

Grilli leiba soojenemiseks vähemalt 30 sekundit mõlema poole kohta. Serveeri leiba püreestatud dipikastmega ja naudi.

Toitumine (100g kohta): 231,6 kalorit 4,8 g rasva 36,3 g süsivesikuid 6,3 g valku 593 mg naatriumi

Mitme teravilja ja gluteenivabad õhtusöögirullid

Valmistamisaeg: 10 minutit
Söögitegemise aeg: 20 minutit
Portsjonid: 8
Raskusaste: keskmine

Koostis:

- ½ tl õunasiidri äädikat
- 3 spl oliiviõli
- 2 muna
- 1 tl küpsetuspulbrit
- 1 tl soola
- 2 tl ksantaankummi
- ½ tassi tapiokitärklist
- ¼ tassi pruuni teffi jahu
- ¼ tassi linajahu
- ¼ tassi amarandijahu
- ¼ tassi sorgojahu
- ¾ tassi pruuni riisijahu

Juhised:

Sega väikeses kausis hästi vesi ja mesi ning lisa pärm. Jätke see täpselt 10 minutiks.

Kombineerige labamikseriga: küpsetuspulber, sool, ksantaankummi, linajahu, sorgojahu, teffijahu, tapiokitärklis, amarandijahu ja pruuni riisijahu.

Klopi keskmises kausis korralikult läbi äädikas, oliiviõli ja munad.

Valage kuivainete kaussi äädika ja pärmi segu ning segage hästi.

Määri 12-muffinivorm küpsetusspreiga. Tõsta tainas ühtlaselt 12 muffinivormi ja jäta tunniks kerkima.

Seejärel kuumuta ahi temperatuurini 375 oF ja küpseta õhtusöögirulle, kuni pealsed on kuldpruunid, umbes 20 minutit.

Eemaldage söögirullid kohe ahjust ja muffinivormidest ning laske jahtuda.

Parim serveerida soojalt.

Toitumine (100g kohta): 207 kalorit 8,3 g rasva 27,8 g süsivesikuid 4,6 g valku 844 mg naatriumi

Mereannid Linguine

Valmistamisaeg: 10 minutit

Söögitegemise aeg: 35 minutit

Portsjonid: 2

Raskusaste: raske

Koostis:

- 2 küüslauguküünt, hakitud
- 4 untsi Linguine, täistera
- 1 supilusikatäis oliiviõli
- 14 untsi tomatid, konserveeritud ja kuubikuteks lõigatud
- 1/2 supilusikatäit šalottsibulat, hakitud
- 1/4 tassi valget veini
- Meresool ja must pipar maitse järgi
- 6 Cherrystone'i karbid, puhastatud
- 4 untsi Tilapia, viilutatud 1-tollisteks ribadeks
- 4 untsi kuiva mere kammkarpe
- 1/8 tassi Parmesani juustu, riivitud
- 1/2 teelusikatäit majoraani, hakitud ja värske

Juhised:

Keeda potis vesi, seejärel keeda pasta pehmeks, mis peaks võtma umbes kaheksa minutit. Nõruta ja seejärel loputa pasta.

Kuumutage õli suurel pannil keskmisel kuumusel ja kui õli on kuum, segage küüslauk ja šalottsibul. Küpseta minut ja sega sageli.

Enne soola, veini, pipra ja tomatite lisamist tõstke kuumust keskmisele kõrgele ja laske keema tõusta. Küpseta veel üks minut.

Järgmisena lisage oma karbid, katke ja küpseta veel kaks minutit.

Järgmisena segage majoraan, kammkarbid ja kala. Jätkake küpsetamist, kuni kala on täielikult küpsenud ja teie karbid on avanenud. Selleks kulub kuni viis minutit ja eemaldage kõik karbid, mis ei avane.

Lusikaga kaste ja oma karbid pasta peale, puista enne serveerimist üle parmesani ja majoraaniga. Serveeri soojalt.

Toitumine (100g kohta): 329 kalorit 12 g rasvu 10 g süsivesikuid 33 g valku 836 mg naatriumi

Ingverkrevetid ja tomatid

Valmistamisaeg: 10 minutit

Söögitegemise aeg: 15 minutit

Portsjonid: 2

Raskusaste: raske

Koostis:

- 1 1/2 supilusikatäit taimeõli
- 1 küüslauguküüs, hakitud
- 10 krevetti, eriti suur, kooritud ja sabad, mis on jäetud
- 3/4 supilusikatäit sõrmedega, riivitud ja kooritud
- 1 roheline tomat, poolitatud
- 2 ploomtomatit, poolitatud
- 1 spl laimimahl, värske
- 1/2 teelusikatäit suhkrut
- 1/2 supilusikatäit jalapenot seemnetega, värske ja hakitud
- 1/2 supilusikatäit basiilikut, värsket ja tükeldatud
- 1/2 supilusikatäit koriandrit, hakitud ja värsket
- 10 varrast
- Meresool ja must pipar maitse järgi

Juhised:

Kastke vardad vähemalt pooleks tunniks vette.

Segage küüslauk ja ingver kausis kokku, kandke pool suuremasse kaussi ja segage seda kahe supilusikatäie õliga. Lisage krevetid ja veenduge, et need oleksid hästi kaetud.

Kata kaanega ja tõsta vähemalt pooleks tunniks külmkappi ning seejärel lase külmkapis taheneda.

Kuumuta grill kõrgeks ja määri restid kergelt õliga. Võtke kauss välja ja raputage ploom ja rohelised tomatid ülejäänud supilusikatäie õliga, maitsestage soola ja pipraga.

Grillige oma tomateid lõikega ülespoole ja koor peaks olema söestunud. Teie tomati viljaliha peaks olema pehme, mis võtab ploomtomati puhul aega neli kuni kuus minutit ja rohelise tomati puhul umbes kümme minutit.

Eemaldage koor, kui tomatid on käsitsemiseks piisavalt jahedad, ja visake seemned ära. Tükeldage tomatite viljaliha peeneks, lisades ingverile ja küüslaugule. Lisage suhkur, jalapeno, laimimahl ja basiilik.

Maitsestage oma krevetid soola ja pipraga, keerates need varrastele, ja seejärel grillige, kuni need muutuvad läbipaistmatuks, mis on mõlemalt poolt umbes kaks minutit. Asetage krevetid oma maitsega vaagnale ja nautige.

Toitumine (100g kohta): 391 kalorit 13 g rasvu 11 g süsivesikuid 34 g valku 693 mg naatriumi

Krevetid ja pasta

Valmistamisaeg: 10 minutit

Söögitegemise aeg: 10 minutit

Portsjonid: 2

Raskusaste: keskmine

Koostis:

- 2 tassi Angel Hair pasta, keedetud
- 1/2 naela keskmised krevetid, kooritud
- 1 küüslauguküüs, hakitud
- 1 tass tomatit, tükeldatud
- 1 tl oliiviõli
- 1/6 tassi Kalamata oliivid, kivideta ja tükeldatud
- 1/8 tassi basiilikut, värske ja õhukeseks viilutatud
- 1 supilusikatäis kapparid, nõrutatud
- 1/8 tassi fetajuustu, purustatud
- Natuke musta pipart

Juhised:

Keeda pasta vastavalt pakendi juhistele ja kuumuta seejärel oliiviõli pannil keskmisel-kõrgel kuumusel. Küpseta küüslauku pool minutit ja seejärel lisa krevetid. Prae veel minut aega.

Lisage oma basiilik ja tomat ning seejärel vähendage kuumust, et lasta sellel kolm minutit podiseda. Teie tomat peaks olema pehme.

Segage oma oliivid ja kapparid. Lisage näputäis musta pipart ja ühendage serveerimiseks krevetisegu ja pasta. Enne soojalt serveerimist kata peale juustuga.

Toitumine (100g kohta): 357 kalorit 11 g rasvu 9 g süsivesikuid 30 g valku 871 mg naatriumi

Pošeeritud tursk

Valmistamisaeg: 10 minutit

Söögitegemise aeg: 25 minutit

Portsjonid: 2

Raskusaste: keskmine

Koostis:

- 2 tursafileed, 6 untsi
- Meresool ja must pipar maitse järgi
- 1/4 tassi kuiva valget veini
- 1/4 tassi mereande
- 2 küüslauguküünt, hakitud
- 1 loorberileht
- 1/2 teelusikatäit salvei, värske ja tükeldatud
- Kaunistuseks 2 rosmariinioksa

Juhised:

Alustuseks lülitage ahi 375-ni ja seejärel maitsestage filee soola ja pipraga. Asetage need küpsetuspannile ja lisage oma puljongile küüslauk, vein, salvei ja loorberileht. Kata hästi ja küpseta siis kakskümmend minutit. Teie kala peaks kahvliga testimisel olema helbeline.

Kasutage iga filee eemaldamiseks spaatlit, asetage vedelik kõrgele kuumusele ja keetke, et vähendada poole võrra. Selleks peaks kuluma kümme minutit ja peate sageli segama. Serveeri pošeerimisvedelikku tilgutatult ja rosmariinioksaga kaunistatult.

Toitumine (100g kohta): 361 kalorit 10 g rasvu 9 g süsivesikuid 34 g valku 783 mg naatriumi

Rannakarbid valges veinis

Valmistamisaeg: 5 minutit

Söögitegemise aeg: 10 minutit

Portsjonid: 2

Raskusaste: raske

Koostis:

- 2 naela. Elus rannakarbid, värsked
- 1 tass kuiva valget veini
- 1/4 tl meresoola, peen
- 3 küüslauguküünt, hakitud
- 2 teelusikatäit šalottsibulat, kuubikuteks lõigatud
- 1/4 tassi peterselli, värske ja hakitud, jaotatud
- 2 supilusikatäit oliiviõli
- 1/4 sidrunit, mahlatud

Juhised:

Võtke kurn välja ja nühkige rannakarpe, loputades neid külma veega. Visake ära rannakarbid, mis ei sulgu, kui neid koputatakse, ja seejärel eemaldage igalt habe koorimisnoaga.

Tõstke potist välja, asetage see keskmisele või kõrgele kuumusele ning lisage küüslauk, šalottsibul, vein ja petersell. Lase keema tõusta. Kui see on ühtlaselt keenud, lisage rannakarbid ja katke kaanega. Laske neil viis kuni seitse minutit podiseda. Veenduge, et need üle ei küpseks.

Kasutage nende eemaldamiseks lõhikuga lusikat ning lisage potti sidrunimahl ja oliivõli. Enne peterselliga serveerimist segage hästi ja valage puljong rannakarpide peale.

Toitumine (100g kohta): 345 kalorit 9 g rasvu 18 g süsivesikuid 37 g valku 693 mg naatriumi

Dilly lõhe

Valmistamisaeg: 10 minutit
Söögitegemise aeg: 15 minutit
Portsjonid: 2
Raskusaste: keskmine

Koostis:

- 2 lõhefileed, igaüks 6 untsi
- 1 supilusikatäis oliiviõli
- 1/2 mandariini, mahlatud
- 2 teelusikatäit apelsinikoort
- 2 supilusikatäit tilli, värsket ja hakitud
- Meresool ja must pipar maitse järgi

Juhised:

Valmistage ahi 375 kraadini ja eemaldage seejärel kaks kümnetollist fooliumitükki. Enne soola ja pipraga maitsestamist määrige filee mõlemalt poolt oliiviõliga ning asetage iga filee fooliumitükile.

Nirista iga peale apelsinimahla ning seejärel kalla peale apelsinikoor ja till. Voltige pakend suletuks, veendudes, et selle fooliumi sees oleks kaks tolli õhuruumi, et kala saaks aurutada, ja asetage need seejärel küpsetusnõule.

Küpseta viisteist minutit enne pakkide avamist ja tõsta kahele serveerimistaldrikule. Enne serveerimist vala kaste igaühe peale.

Toitumine (100g kohta):366 kalorit 14 g rasvu 9 g süsivesikuid 36 g valku 689 mg naatriumi

Sile lõhe

Valmistamisaeg: 8 minutit

Söögitegemise aeg: 8 minutit

Portsjonid: 2

Raskusaste: lihtne

Koostis:

- Lõhe, 6 untsi filee
- Sidrun, 2 viilu
- Kapparid, 1 spl
- Meresool ja pipar, 1/8 tl
- Ekstra neitsioliiviõli, 1 spl

Juhised:

Asetage puhas pann keskmisele kuumusele, et valmistada 3 minutit. Valage oliiviõli taldrikule ja katke lõhe täielikult. Küpseta lõhet pannil kõrgel kuumusel.

Täitke lõhe ülejäänud koostisosadega ja pöörake mõlemalt poolt küpsetamiseks. Pange tähele, kui mõlemad pooled on pruunid. Mõlemal küljel võib kuluda 3-5 minutit. Kahvliga katsetades veendu, et lõhe on küpsenud.

Serveeri sidruniviiludega.

Toitumine (100g kohta): 371 kalorit 25,1 g rasva 0,9 g süsivesikuid 33,7 g valku 782 mg naatriumi

Tuunikala meloodia

Valmistamisaeg: 20 minutit

Söögitegemise aeg: 20 minutit

Portsjonid: 2

Raskusaste: lihtne

Koostis:

- Tuunikala, 12 untsi
- Roheline sibul, 1 kaunistuseks
- Paprika, ¼, tükeldatud
- Äädikas, 1 kriips
- Sool ja pipar maitse järgi
- Avokaadod, 1, poolitatud ja kivideta
- Kreeka jogurt, 2 spl

Juhised:

Sega kausis tuunikala äädika, sibula, jogurti, avokaado ja pipraga.

Lisa maitseained, sega ja serveeri rohelise sibula lisandiga.

Toitumine (100g kohta): 294 kalorit 19 g rasva 10 g süsivesikuid 12 g valku 836 mg naatriumi

Mere juust

Valmistamisaeg: 12 minutit

Söögitegemise aeg: 25 minutit

Portsjonid: 2

Raskusaste: lihtne

Koostis:

- Lõhe, 6 untsi filee
- Kuivatatud basiilik, 1 spl
- Juust, 2 supilusikatäit, riivitud
- Tomat, 1, viilutatud
- Ekstra neitsioliiviõli, 1 spl

Juhised:

Valmistage küpsetusahi temperatuuril 375 F. Asetage küpsetusnõusse alumiiniumfoolium ja piserdage toiduõliga. Tõsta lõhe ettevaatlikult ahjuplaadile ja tõsta peale ülejäänud koostisosad.

Lase lõhel 20 minutit pruunistuda. Lase viis minutit jahtuda ja tõsta serveerimistaldrikule. Lõhe keskel näete katet.

Toitumine (100g kohta): 411 kalorit 26,6 g rasva 1,6 g süsivesikuid 8 g valku 822 mg naatriumi

Tervislikud praed

Valmistamisaeg: 10 minutit

Söögitegemise aeg: 20 minutit

Portsjonid: 2

Raskusaste: lihtne

Koostis:

- Oliiviõli, 1 tl
- Hiidlesta praad, 8 untsi
- Küüslauk, ½ tl, hakitud
- Või, 1 spl
- Sool ja pipar maitse järgi

Juhised:

Kuumuta pann ja lisa õli. Pruunista keskmisel leegil pannil praed, sulata või koos küüslaugu, soola ja pipraga. Lisa praed, viska kattele ja serveeri.

Toitumine (100g kohta): 284 kalorit 17 g rasva 0,2 g süsivesikuid 8 g valku 755 mg naatriumi

Taimne lõhe

Valmistamisaeg: 8 minutit

Söögitegemise aeg: 18 minutit

Portsjonid: 2

Raskusaste: lihtne

Koostis:

- Lõhe, 2 filee ilma nahata
- Jäme sool maitse järgi
- Ekstra neitsioliiviõli, 1 spl
- Sidrun, 1, viilutatud
- Värske rosmariin, 4 oksa

Juhised:

Kuumuta ahi 400 F-ni. Asetage alumiiniumfoolium küpsetusnõusse ja asetage sellele lõhe. Vala lõhele ülejäänud koostisosad ja küpseta 20 minutit. Serveeri kohe koos sidruniviiludega.

Toitumine (100g kohta): 257 kalorit 18 g rasva 2,7 g süsivesikuid 7 g valku 836 mg naatriumi

Smokey Glasuuritud tuunikala

Valmistamisaeg: 35 minutit

Söögitegemise aeg: 10 minutit

Portsjonid: 2

Raskusaste: lihtne

Koostis:

- Tuunikala, 4-untsised praed
- Apelsinimahl, 1 spl
- Hakitud küüslauk, ½ nelki
- Sidrunimahl, ½ tl
- Värske petersell, 1 spl, hakitud
- Sojakaste, 1 spl
- Ekstra neitsioliiviõli, 1 spl
- Jahvatatud must pipar, ¼ teelusikatäit
- Oregano, ¼ teelusikatäit

Juhised:

Valige segamisnõu ja lisage kõik koostisosad, välja arvatud tuunikala. Sega hästi ja lisa seejärel tuunikala marinaadile. Pange see segu pooleks tunniks külmkappi. Kuumuta grillpann ja küpseta tuunikala mõlemalt poolt 5 minutit. Serveeri küpsetatuna.

Toitumine (100g kohta): 200 kalorit 7,9 g rasva 0,3 g süsivesikuid 10 g valku 734 mg naatriumi

Krõbe hiidlest

Valmistamisaeg: 20 minutit

Söögitegemise aeg: 15 minutit

Portsjonid: 2

Raskusaste: lihtne

Koostis:

- Petersell peal
- Värske till, 2 spl, hakitud
- Värske murulauk, 2 spl, hakitud
- Oliiviõli, 1 spl
- Sool ja pipar maitse järgi
- Hiidlest, filee, 6 untsi
- Sidrunikoor, ½ tl, peeneks riivitud
- Kreeka jogurt, 2 spl

Juhised:

Kuumuta ahi 400 F-ni. Vooderda küpsetusplaat fooliumiga. Lisa kõik koostisosad laiale vormile ja marineeri fileed. Loputage ja kuivatage filee; seejärel lisa ahju ja küpseta 15 minutit.

Toitumine (100g kohta):273 kalorit 7,2 g rasva 0,4 g süsivesikuid 9 g valku 783 mg naatriumi

Fit tuunikala

Valmistamisaeg: 15 minutit
Söögitegemise aeg: 10 minutit
Portsjonid: 2
Raskusaste: lihtne

Koostis:

- Muna, ½
- Sibul, 1 spl, peeneks hakitud
- Seller peal
- Sool ja pipar maitse järgi
- Küüslauk, 1 nelk, hakitud
- Konserveeritud tuunikala, 7 untsi
- Kreeka jogurt, 2 spl

Juhised:

Nõruta tuunikala ning lisa muna ja jogurt koos küüslaugu, soola ja pipraga.

Sega kausis see segu sibulaga ja vormi pätsikesed. Võtke suur pann ja pruunistage pätsikesed 3 minutit mõlemalt poolt. Nõruta ja serveeri.

Toitumine (100g kohta): 230 kalorit 13 g rasva 0,8 g süsivesikuid 10 g valku 866 mg naatriumi

Kuumad ja värsked kalapraed

Valmistamisaeg: 14 minutit

Söögitegemise aeg: 14 minutit

Portsjonid: 2

Raskusaste: lihtne

Koostis:

- Küüslauk, 1 nelk, hakitud
- Sidrunimahl, 1 spl
- Pruun suhkur, 1 spl
- Hiidlest praad, 1 nael
- Sool ja pipar maitse järgi
- Sojakaste, ¼ teelusikatäit
- Või, 1 tl
- Kreeka jogurt, 2 spl

Juhised:

Eelkuumuta grill keskmisel leegil. Sega kausis või, suhkur, jogurt, sidrunimahl, sojakaste ja maitseained. Soojendage segu pannil. Kasutage seda segu grillil küpsetamise ajal praadile pintseldamiseks. Serveeri kuumalt.

Toitumine (100g kohta): 412 kalorit 19,4 g rasva 7,6 g süsivesikuid 11 g valku 788 mg naatriumi

Rannakarbid O'Marine

Valmistamisaeg: 20 minutit

Söögitegemise aeg: 10 minutit

Portsjonid: 2

Raskusaste: lihtne

Koostis:

- Rannakarbid, kooritud ja habemeta, 1 nael
- Kookospiim, ½ tassi
- Cayenne'i pipar, 1 tl
- Värske sidrunimahl, 1 spl
- Küüslauk, 1 tl, hakitud
- Koriander, värskelt hakitud katteks
- Pruun suhkur, 1 tl

Juhised:

Sega potis kõik koostisosad, välja arvatud rannakarbid. Kuumuta segu ja lase keema tõusta. Lisa rannakarbid ja küpseta 10 minutit. Serveeri anumas koos keedetud vedelikuga.

Toitumine (100g kohta): 483 kalorit 24,4 g rasva 21,6 g süsivesikuid 1,2 g valku 499 mg naatriumi

Aeglase pliidiga Vahemere veisepraad

Valmistamisaeg: 10 minutit

Söögitegemise aeg: 10 tundi ja 10 minutit

Portsjonid: 6

Raskusaste: keskmine

Koostis:

- 3 naela Chuck-praad, kondita
- 2 tl rosmariini
- ½ tassi päikesekuivatatud ja tükeldatud tomateid
- 10 küünt Riivitud küüslauk
- ½ tassi veiselihapuljongit
- 2 spl palsamiäädikat
- ¼ tassi hakitud Itaalia peterselli, värske
- ¼ tassi hakitud oliive
- 1 tl sidrunikoort
- ¼ tassi juustu tangud

Juhised:

Pange aeglasesse pliiti küüslauk, päikesekuivatatud tomatid ja veisepraad. Lisa veiselihapuljong ja rosmariin. Sulgege pliit ja küpseta aeglaselt 10 tundi.

Pärast küpsetamise lõppu eemaldage veiseliha ja tükeldage liha. Visake rasv ära. Lisa hakitud liha tagasi aeglasele pliidile ja hauta 10 minutit. Segage väikeses kausis sidrunikoor, petersell ja oliivid. Jahuta segu kuni serveerimiseks valmis. Kaunista jahutatud seguga.

Serveeri pasta või munanuudlitega. Katke see juustu tangudega.

Toitumine (100g kohta): 314 kalorit 19 g rasva 1 g süsivesikuid 32 g valku 778 mg naatriumi

Slow Cooker Vahemere veiseliha artišokiga

Ettevalmistusaeg: 3 tundi ja 20 minutit
Söögitegemise aeg: 7 tundi ja 8 minutit
Portsjonid: 6
Raskusaste: lihtne

Koostis:

- 2 naela veiseliha hautiseks
- 14 untsi artišoki südamed
- 1 spl viinamarjaseemneõli
- 1 Tükeldatud sibul
- 32 untsi veiselihapuljong
- 4 küüslauguküünt, riivitud
- 14½ untsi konserveeritud tomatid, tükeldatud
- 15 untsi tomatikastet
- 1 tl Kuivatatud pune
- ½ tassi kivideta, tükeldatud oliive
- 1 tl Kuivatatud petersell
- 1 tl Kuivatatud pune
- ½ tl jahvatatud köömneid
- 1 tl Kuivatatud basiilikut
- 1 loorberileht
- ½ teelusikatäit soola

Juhised:

Valage suurele mittenakkuvale pannile veidi õli ja kuumutage keskmisel-kõrgel kuumusel. Rösti veiseliha, kuni see muutub mõlemalt poolt pruuniks. Tõsta veiseliha aeglasesse pliiti.

Lisa veiselihapuljong, tükeldatud tomatid, tomatikaste, sool ja sega. Vala sisse veisepuljong, tükeldatud tomatid, pune, oliivid, basiilik, petersell, loorberileht ja köömned. Segage segu põhjalikult.

Sulgege ja keetke madalal kuumusel 7 tundi. Serveerimisel visake loorberileht ära. Serveeri kuumalt.

Toitumine (100g kohta): 416 kalorit 5 g rasva 14,1 g süsivesikuid 29,9 g valku 811 mg naatriumi

Skinny Slow Cooker Vahemere stiilis potröst

Valmistamisaeg: 30 minutit
Küpsetusaeg: 8 tundi
Portsjonid: 10
Raskusaste: raske

Koostis:

- 4 naela Ümarprae silm
- 4 küüslauguküünt
- 2 tl Oliiviõli
- 1 tl Värskelt jahvatatud musta pipart
- 1 tass hakitud sibulat
- 4 porgandit, tükeldatud
- 2 tl kuivatatud rosmariini
- 2 Tükeldatud sellerivart
- 28 untsi purustatud tomatid purgis
- 1 tass madala naatriumisisaldusega veiselihapuljongit
- 1 tass punast veini
- 2 teelusikatäit soola

Juhised:

Maitsesta veisepraad soola, küüslaugu ja pipraga ning tõsta kõrvale. Valage õli mittenakkuvale pannile ja kuumutage keskmisel-kõrgel kuumusel. Pange veiseliha sellesse ja röstige, kuni see muutub igast küljest pruuniks. Nüüd viige röstitud veiseliha 6-liitrisesse aeglasesse pliidisse. Lisa pannile porgand, sibul, rosmariin ja seller. Jätkake küpsetamist, kuni sibul ja köögivili muutuvad pehmeks.

Sega sellesse köögiviljasegusse tomatid ja vein. Lisa veiselihapuljong ja tomatisegu koos köögiviljaseguga aeglasesse pliiti. Sulgege ja keetke madalal kuumusel 8 tundi.

Kui liha on küpsenud, eemaldage see aeglasest pliidist, asetage lõikelauale ja mähkige alumiiniumfooliumiga. Kastme paksendamiseks valage see kastrulisse ja keetke madalal kuumusel, kuni see saavutab vajaliku konsistentsi. Enne serveerimist visake rasvad ära.

Toitumine (100g kohta): 260 kalorit 6 g rasva 8,7 g süsivesikuid 37,6 g valku 588 mg naatriumi

Aeglase pliidi lihakook

Valmistamisaeg: 10 minutit

Söögitegemise aeg: 6 tundi ja 10 minutit

Portsjonid: 8

Raskusaste: keskmine

Koostis:

- 2 naela Jahvatatud piison
- 1 riivitud suvikõrvits
- 2 suurt muna
- Vajadusel oliiviõli küpsetussprei
- 1 suvikõrvits, tükeldatud
- ½ tassi peterselli, värsket, peeneks hakitud
- ½ tassi parmesani juustu, hakitud
- 3 spl palsamiäädikat
- 4 küüslauguküünt, riivitud
- 2 spl hakitud sibulat
- 1 spl kuivatatud pune
- ½ tl Jahvatatud musta pipart
- ½ tl koššersoola
- Katte jaoks:
- ¼ tassi riivitud mozzarella juustu
- ¼ tassi ketšupit ilma suhkruta
- ¼ tassi värskelt hakitud peterselli

Juhised:

Vooderdage kuueliitrise aeglase pliidi sisemus alumiiniumfooliumiga triipudega. Piserdage sellele mittenakkuva toiduõliga.

Sega suures kausis jahvatatud piison või eriti lahja jahvatatud välisfilee, suvikõrvits, munad, petersell, palsamiäädikas, küüslauk, kuivatatud pune, mere- või koššersool, hakitud kuiv sibul ja jahvatatud must pipar.

Asetage see segu aeglasesse pliiti ja vormige pikliku kujuga päts. Kata pliit kaanega, pane madalale tulele ja küpseta 6 tundi. Pärast küpsetamist avage pliit ja määrige ketšup kogu lihaleivale.

Nüüd asetage juust uue kihina ketšupi kohale ja sulgege aeglane pliit. Laske lihaleival nendel kahel kihil umbes 10 minutit või kuni juust sulama hakkab. Kaunista värske peterselli ja riivitud mozzarella juustuga.

Toitumine (100g kohta): 320 kalorit 2 g rasva 4 g süsivesikuid 26 g valku 681 mg naatriumi

Slow Cooker Vahemere veiseliha Hoagies

Valmistamisaeg: 10 minutit

Küpsetusaeg: 13 tundi

Portsjonid: 6

Raskusaste: keskmine

Koostis:

- 3 naela rasvata veiseliha ümarpraad
- ½ tl Sibulapulbrit
- ½ tl musta pipart
- 3 tassi madala naatriumisisaldusega veiselihapuljongit
- 4 tl salatikastme segu
- 1 loorberileht
- 1 spl küüslauk, hakitud
- 2 punast paprikat, lõigatud õhukesteks ribadeks
- 16 untsi Pepperoncino
- 8 viilu Sargento Provolone, õhuke
- 2 untsi gluteenivaba leiba
- ½ tl soola
- <u>Maitsestamiseks:</u>
- 1½ supilusikatäit sibulapulbrit
- 1½ supilusikatäit küüslaugupulbrit
- 2 supilusikatäit kuivatatud peterselli
- 1 supilusikatäis steviat
- ½ tl kuivatatud tüümiani

- 1 spl kuivatatud pune
- 2 supilusikatäit musta pipart
- 1 supilusikatäis soola
- 6 juustu viilu

Juhised:

Kuivatage praad paberrätikuga. Sega väikeses kausis must pipar, sibulapulber ja sool ning hõõru seguga prae peale. Asetage maitsestatud röst aeglasesse pliiti.

Lisa aeglasele pliidile puljong, salatikastmesegu, loorberileht ja küüslauk. Kombineerige õrnalt. Sulgege ja keetke madalal kuumusel 12 tundi. Pärast keetmist eemalda loorberileht.

Võtke keedetud veiseliha välja ja tükeldage veiseliha. Pane tagasi tükeldatud veiseliha ja lisa paprika ja. Lisa paprika ja pepperoncino aeglasesse pliiti. Katke pliit kaanega ja keetke madalal kuumusel 1 tund. Enne serveerimist valage iga leib 3 untsi liha seguga. Tõsta peale juustuviil. Vedelat kastet saab kasutada dipikastmena.

Toitumine (100g kohta): 442 kalorit 11,5 g rasva 37 g süsivesikuid 49 g valku 735 mg naatriumi

Vahemere seapraad

Valmistamisaeg: 10 minutit

Söögitegemise aeg: 8 tundi ja 10 minutit

Portsjonid: 6

Raskusaste: keskmine

Koostis:

- 2 supilusikatäit oliiviõli
- 2 naela seapraad
- ½ tl paprikat
- ¾ tassi kanapuljongit
- 2 tl Kuivatatud salvei
- ½ supilusikatäit hakitud küüslauku
- ¼ tl Kuivatatud majoraani
- ¼ tl kuivatatud rosmariini
- 1 tl pune
- ¼ teelusikatäit kuivatatud tüümiani
- 1 tl basiilikut
- ¼ teelusikatäit koššersoola

Juhised:

Sega väikeses kausis puljong, õli, sool ja vürtsid. Vala pannile oliiviõli ja kuumuta keskmisel-kõrgel kuumusel. Pange sealiha sellesse ja röstige, kuni kõik küljed muutuvad pruuniks.

Võtke sealiha pärast küpsetamist välja ja torkake praad noaga läbi. Asetage torgatud seapraad 6-liitrisesse potti. Nüüd vala väikese kausi segu vedelik üle kogu praad.

Sulgege pott ja keetke madalal kuumusel 8 tundi. Pärast küpsetamist eemaldage see potist lõikelauale ja tükeldage. Seejärel lisage hakitud sealiha tagasi potti. Hauta veel 10 minutit. Serveeri koos fetajuustu, pitaleiva ja tomatitega.

Toitumine (100g kohta): 361 kalorit 10,4 g rasva 0,7 g süsivesikuid 43,8 g valku 980 mg naatriumi

Veiseliha pitsa

Valmistamisaeg: 20 minutit

Söögitegemise aeg: 50 minutit

Portsjonid: 10

Raskusaste: raske

Koostis:

- Koori jaoks:
- 3 tassi universaalset jahu
- 1 spl suhkrut
- 2¼ teelusikatäit aktiivset kuivpärmi
- 1 tl soola
- 2 spl oliiviõli
- 1 tass sooja vett
- Täitmiseks:
- 1-naelne veisehakkliha
- 1 keskmine sibul, hakitud
- 2 spl tomatipastat
- 1 spl jahvatatud köömneid
- Soola ja jahvatatud musta pipart vastavalt vajadusele
- ¼ tassi vett
- 1 tass värsket spinatit, hakitud
- 8 untsi artišokisüdamed, neljandikku
- 4 untsi värskeid seeni, viilutatud

- 2 tomatit, tükeldatud
- 4 untsi fetajuustu, purustatud

Juhised:

Kooriku jaoks:

Sega jahu, suhkur, pärm ja sool statiivimiksriga, kasutades taignakonksu. Lisa 2 spl õli ja sooja vett ning sõtku, kuni moodustub ühtlane ja elastne tainas.

Tee taignast pall ja jäta umbes 15 minutiks kõrvale.

Asetage tainas kergelt jahuga ülepuistatud pinnale ja rullige see ringiks. Asetage tainas kergelt määritud ümmargusse pitsapanni ja vajutage õrnalt, et see sobiks. Tõsta umbes 10-15 minutiks kõrvale. Määri koor veidi õliga. Kuumuta ahi 400 kraadini F.

Täitmiseks:

Prae veiseliha mittenakkuval pannil keskmisel-kõrgel kuumusel umbes 4-5 minutit. Sega hulka sibul ja küpseta umbes 5 minutit, sageli segades. Lisa tomatipasta, köömned, sool, must pipar ja vesi ning sega ühtlaseks.

Seadke kuumus keskmisele tasemele ja küpseta umbes 5-10 minutit. Tõsta tulelt ja tõsta kõrvale. Asetage veiselihasegu pitsapõhjale ja pange peale spinat, seejärel artišokid, seened, tomatid ja fetajuust.

Küpseta, kuni juust on sulanud. Võta ahjust välja ja jäta enne viilutamist umbes 3-5 minutiks kõrvale. Lõika soovitud suurusega viiludeks ja serveeri.

Toitumine (100g kohta): 309 kalorit 8,7 g rasva 3,7 g süsivesikuid 3,3 g valku 732 mg naatriumi

Veiseliha ja bulguri lihapallid

Valmistamisaeg: 20 minutit

Söögitegemise aeg: 28 minutit

Portsjonid: 6

Raskusaste: keskmine

Koostis:

- ¾ tassi keetmata bulgurit
- 1-naelne veisehakkliha
- ¼ tassi šalottsibulat, hakitud
- ¼ tassi värsket peterselli, hakitud
- ½ tl jahvatatud pipart
- ½ tl jahvatatud köömneid
- ½ tl jahvatatud kaneeli
- ¼ tl punase pipra helbed, purustatud
- Sool, vastavalt vajadusele
- 1 spl oliiviõli

Juhised:

Leota bulgurit suures kausis külma veega umbes 30 minutit.

Nõruta bulgur hästi ja seejärel pigista kätega, et liigne vesi eemaldada. Lisa köögikombainis bulgur, veiseliha, šalottsibul, petersell, maitseained, sool ja kaun, kuni moodustub ühtlane segu.

Asetage segu kaussi ja jahutage kaanega umbes 30 minutit. Võta külmkapist välja ja tee veiselihasegust ühesuurused pallid.

Kuumuta suurel mittenakkuval pannil õli keskmisel-kõrgel kuumusel ja küpseta lihapalle kahes osas umbes 13–14 minutit, sageli ümber pöörates. Serveeri soojalt.

Toitumine (100g kohta): 228 kalorit 7,4 g rasva 0,1 g süsivesikuid 3,5 g valku 766 mg naatriumi

Maitsev veiseliha ja brokkoli

Valmistamisaeg: 10 minutit

Söögitegemise aeg: 15 minutit

Portsjonid: 4

Raskusaste: lihtne

Koostis:

- 1 ja ½ naela. küljed praad
- 1 spl. oliiviõli
- 1 spl. tamari kaste
- 1 tass veiselihapuljongit
- 1-kilone brokkoli, õisikud eraldatud

Juhised:

Kombineeri steigiribad õli ja tamariga, viska läbi ja jäta 10 minutiks kõrvale. Valige küpsetusrežiimil kiirpott, asetage veiseribad ja pruunistage neid mõlemalt poolt 4 minutit. Sega puljong, kata pott uuesti ja küpseta kõrgel kuumusel 8 minutit. Sega hulka brokkoli, kata kaanega ja küpseta kõrgel kuumusel veel 4 minutit. Jaga kõik taldriku vahele ja serveeri. Nautige!

Toitumine (100g kohta): 312 kalorit 5 g rasva 20 g süsivesikuid 4 g valku 694 mg naatriumi

Veiseliha maisi tšilli

Valmistamisaeg: 8-10 minutit
Söögitegemise aeg: 30 minutit
Portsjonid: 8
Raskusaste: keskmine

Koostis:

- 2 väikest sibulat, hakitud (peeneks)
- ¼ tassi konserveeritud maisi
- 1 spl õli
- 10 untsi lahja veiseliha
- 2 väikest tšillipipart, tükeldatud

Juhised:

Lülitage kiirpott sisse. Klõpsake nuppu "PRAETA". Valage õli, seejärel segage sibul, tšillipipar ja veiseliha; küpseta, kuni see muutub läbipaistvaks ja pehmeks. Valage keedupotti 3 tassi vett; sega hästi.

Sulgege kaas. Valige "LIHA/HAUTUS". Reguleerige taimer 20 minuti peale. Laske küpseda, kuni taimer muutub nulliks.

Loomuliku vabanemisrõhu jaoks umbes 8-10 minutiks klõpsake nuppu "CANCEL" ja seejärel "NPR". Avage ja asetage roog serveerimistaldrikutele. Serveeri.

Toitumine (100g kohta): 94 kalorit 5 g rasva 2 g süsivesikuid 7 g valku 477 mg naatriumi

Balsamico veiseliharoog

Valmistamisaeg: 5 minutit
Söögitegemise aeg: 55 minutit
Portsjonid: 8
Raskusaste: keskmine

Koostis:

- 3 naela chuck prae
- 3 küüslauguküünt, õhukeselt viilutatud
- 1 spl õli
- 1 tl maitsestatud äädikat
- ½ tl pipart
- ½ tl rosmariini
- 1 spl võid
- ½ tl tüümiani
- ¼ tassi balsamico äädikat
- 1 tass veiselihapuljongit

Juhised:

Viiluta prae sisse viilud ja topi küüslauguviiludesse kõikjale. Sega omavahel maitseäädikas, rosmariin, pipar, tüümian ja hõõru seguga röstile. Vali pott saute režiimil ja sega hulka õli, lase õlil soojeneda. Küpseta rösti mõlemalt poolt.

Võtke see välja ja asetage kõrvale. Sega juurde või, puljong, palsamiäädikas ja lase pott glasuuriga üle. Pange praad tagasi ja sulgege kaas, seejärel küpsetage KÕRGE rõhu all 40 minutit.

Tehke kiirvabastus. Serveeri!

Toitumine (100g kohta): 393 kalorit 15 g rasva 25 g süsivesikuid 37 g valku 870 mg naatriumi

Sojakaste Veiseliha röstitud

Valmistamisaeg: 8 minutit

Söögitegemise aeg: 35 minutit

Portsjonid: 2-3

Raskusaste: keskmine

Koostis:

- ½ tl veiselihapuljongit
- 1 ½ tl rosmariini
- ½ tl hakitud küüslauku
- 2 naela rostbiifi
- 1/3 tassi sojakastet

Juhised:

Kombineerige segamisnõus sojakaste, puljong, rosmariin ja küüslauk.

Lülitage oma kiirpott sisse. Asetage praad ja valage nii palju vett, et praad oleks kaetud; sega õrnalt, et hästi seguneks. Sulgege see tihedalt.

Klõpsake küpsetusfunktsiooni "LIHA/HAUTUS"; seadke rõhu tase "HIGH" ja seadke küpsetusajaks 35 minutit. Laske koostisosade küpsetamiseks survel tõusta. Kui olete lõpetanud, klõpsake nuppu "CANCEL" (TÜHISTA), seejärel klõpsake "NPR" toiduvalmistamisfunktsiooni, et rõhk loomulikult vabastada.

Avage järk-järgult kaas ja tükeldage liha. Sega hakitud liha tagasi potisegusse ja sega korralikult läbi. Tõsta serveerimisanumatesse. Serveeri soojalt.

Toitumine (100g kohta): 423 kalorit 14 g rasva 12 g süsivesikuid 21 g valku 884 mg naatriumi

Rosmariini veiseliha Chuck röstitud

Valmistamisaeg: 5 minutit

Söögitegemise aeg: 45 minutit

Portsjonid: 5-6

Raskusaste: keskmine

Koostis:

- 3 naela chuck veiselihapraad
- 3 küüslauguküünt
- ¼ tassi balsamico äädikat
- 1 oksake värsket rosmariini
- 1 oksake värsket tüümiani
- 1 tass vett
- 1 spl taimeõli
- Sool ja pipar maitse järgi

Juhised:

Haki veiseprae sisse viilud ja aseta neisse küüslauguküüned. Hõõru praad ürtide, musta pipra ja soolaga. Eelsoojendage kiirpott, kasutades pruunistamist ja valage õli. Kui see on soojenenud, sega veisepraad hulka ja küpseta segades, kuni see on igast küljest pruunistunud. Lisage ülejäänud koostisosad; sega õrnalt.

Sulgege tihedalt ja küpseta kõrgel kuumusel 40 minutit, kasutades käsitsi seadistust. Laske rõhul loomulikult vabaneda, umbes 10 minutit. Avage ja asetage veisepraad serveerimistaldrikutele, viilutage ja serveerige.

Toitumine (100g kohta): 542 kalorit 11,2 g rasva 8,7 g süsivesikuid 55,2 g valku 710 mg naatriumi

Sealiha kotletid ja tomatikaste

Valmistamisaeg: 10 minutit

Söögitegemise aeg: 20 minutit

Portsjonid: 4

Raskusaste: lihtne

Koostis:

- 4 seakarbonaad, kondita
- 1 spl sojakastet
- ¼ tl seesamiõli
- 1 ja ½ tassi tomatipastat
- 1 kollane sibul
- 8 seeni, viilutatud

Juhised:

Sega kausis sealihakarbonaad sojakastme ja seesamiõliga, sega läbi ja jäta 10 minutiks kõrvale. Lülitage kiirpott küpsetusrežiimile, lisage sealihakotletid ja pruunistage neid 5 minutit mõlemalt poolt. Segage sibul ja küpseta veel 1-2 minutit. Lisa tomatipasta ja seened, viska, kata kaanega ja küpseta kõrgel kuumusel 8–9 minutit. Jaga kõik taldrikutele ja serveeri. Nautige!

Toitumine (100g kohta): 300 kalorit 7 g rasva 18 g süsivesikuid 4 g valku 801 mg naatriumi

Kana kapparikastmega

Valmistamisaeg: 10 minutit

Söögitegemise aeg: 18 minutit

Portsjonid: 5

Raskusaste: raske

Koostis:

- <u>Kana jaoks:</u>
- 2 muna
- Soola ja jahvatatud musta pipart vastavalt vajadusele
- 1 tass kuiva riivsaia
- 2 spl oliiviõli
- 1½ naela nahata kondita kana rinnapoolikud, purustatud ¾ tolli paksuseks ja lõigatud tükkideks
- <u>Kapparikastme jaoks:</u>
- 3 supilusikatäit kapparid
- ½ tassi kuiva valget veini
- 3 spl värsket sidrunimahla
- Soola ja jahvatatud musta pipart vastavalt vajadusele
- 2 spl värsket peterselli, hakitud

Juhised:

Kana jaoks: lisage madalasse anumasse munad, sool ja must pipar ning vahustage, kuni see on hästi segunenud. Teise madalasse nõusse pane riivsai. Leota kanatükid munasegus ja seejärel määri ühtlaselt riivsaiaga. Raputa üleliigne riivsai maha.

Küpseta õli keskmisel kuumusel ja küpseta kanatükke umbes 5-7 minutit mõlemalt poolt või kuni soovitud küpsuseni. Asetage kanatükid lõhikuga lusikaga paberrätikuga vooderdatud taldrikule. Kata kanatükid fooliumitükiga, et need soojas püsiksid.

Lisa samale pannile kõik kastme koostisosad peale peterselli ja küpseta pidevalt segades umbes 2–3 minutit. Sega hulka petersell ja tõsta tulelt. Serveeri kanatükke kapparikastmega.

Toitumine (100g kohta): 352 kalorit 13,5 g rasva 1,9 g süsivesikuid 1,2 g valku 741 mg naatriumi

Türgi burgerid mangosalsaga

Valmistamisaeg: 15 minutit

Söögitegemise aeg: 10 minutit

Portsjonid: 6

Raskusaste: lihtne

Koostis:

- 1½ naela jahvatatud kalkunirind
- 1 tl meresoola, jagatud
- ¼ tl värskelt jahvatatud musta pipart
- 2 spl ekstra neitsioliiviõli
- 2 mangot, kooritud, kivideta ja kuubikuteks lõigatud
- ½ punast sibulat, peeneks hakitud
- 1 laimi mahl
- 1 küüslauguküüs, hakitud
- ½ jalapeño pipart, seemnetest puhastatud ja peeneks hakitud
- 2 supilusikatäit hakitud värskeid koriandri lehti

Juhised:

Vormi kalkuni rinnast 4 pätsi ning maitsesta ½ tl meresoola ja pipraga. Küpseta oliiviõli mittenakkuval pannil, kuni see sädeleb. Lisa kalkunikotletid ja küpseta umbes 5 minutit mõlemalt poolt, kuni need on pruunistunud. Kuni kotletid küpsevad, segage väikeses kausis mango, punane sibul, laimimahl, küüslauk, jalapeño, koriander ja ülejäänud ½ tl meresoola. Tõsta lusikaga salsat kalkunikotletikestele ja serveeri.

Toitumine (100g kohta): 384 kalorit 3 g rasva 27 g süsivesikuid 34 g valku 692 mg naatriumi

Ürdiga röstitud kalkuni rinnatükk

Valmistamisaeg: 15 minutit

Söögitegemise aeg: 1½ tundi (pluss 20 minutit puhkamiseks)

Portsjonid: 6

Raskusaste: keskmine

Koostis:

- 2 spl ekstra neitsioliiviõli
- 4 küüslauguküünt, hakitud
- 1 sidruni koor
- 1 spl hakitud värskeid tüümiani lehti
- 1 spl hakitud värskeid rosmariini lehti
- 2 spl hakitud värskeid Itaalia peterselli lehti
- 1 tl jahvatatud sinepit
- 1 tl meresoola
- ¼ tl värskelt jahvatatud musta pipart
- 1 (6 naela) kondiga, nahaga kalkunirind
- 1 tass kuiva valget veini

Juhised:

Kuumuta ahi temperatuurini 325 ° F. Kombineeri oliiviõli, küüslauk, sidrunikoor, tüümian, rosmariin, petersell, sinep, meresool ja pipar. Pintselda ürdisegu ühtlaselt üle kalkunirinna pealispinna ning vabasta nahk ja hõõru ka altpoolt. Asetage kalkuni rinnatükk röstimispannile restile, nahk ülespoole.

Vala pannile vein. Röstige 1–1,5 tundi, kuni kalkun saavutab sisetemperatuuri 165 kraadi F. Tõmmake ahjust välja ja asetage enne nikerdamist 20 minutiks eraldi, kaetud alumiiniumfooliumiga, et hoida seda soojas.

Toitumine (100g kohta): 392 kalorit 1 g rasva 2 g süsivesikuid 84 g valku 741 mg naatriumi

Kanavorst ja paprika

Valmistamisaeg: 10 minutit

Söögitegemise aeg: 20 minutit

Portsjonid: 6

Raskusaste: keskmine

Koostis:

- 2 spl ekstra neitsioliiviõli
- 6 Itaalia kanavorsti linki
- 1 sibul
- 1 punane paprika
- 1 roheline paprika
- 3 küüslauguküünt, hakitud
- ½ tassi kuiva valget veini
- ½ tl meresoola
- ¼ tl värskelt jahvatatud musta pipart
- Näputäis punase pipra helbeid

Juhised:

Küpseta oliiviõli suurel pannil, kuni see sädeleb. Lisage vorstid ja küpseta 5–7 minutit, aeg-ajalt keerates, kuni need on pruunistunud ja saavutavad sisetemperatuuri 165 °F. Eemaldage vorst tangidega pannilt ja asetage vaagnale, mis on soojas hoidmiseks kaetud alumiiniumfooliumiga.

Tõsta pann uuesti tulele ja sega sisse sibul, punane paprika ja roheline paprika. Küpseta ja sega aeg-ajalt, kuni köögiviljad hakkavad pruunistuma. Pane sisse küüslauk ja küpseta pidevalt segades 30 sekundit.

Sega juurde vein, meresool, pipar ja punase pipra helbed. Tõmmake välja ja keerake panni põhjast sisse kõik pruunistunud tükid. Hauta segades veel umbes 4 minutit, kuni vedelik väheneb poole võrra. Tõsta paprikad lusikaga vorstide peale ja serveeri.

Toitumine (100g kohta): 173 kalorit 1 g rasva 6 g süsivesikuid 22 g valku 582 mg naatriumi

Kana Piccata

Valmistamisaeg: 10 minutit
Söögitegemise aeg: 15 minutit
Portsjonid: 6
Raskusaste: keskmine

Koostis:

- ½ tassi täisterajahu
- ½ tl meresoola
- 1/8 tl värskelt jahvatatud musta pipart
- 1½ naela kanarinda, lõigatud 6 tükiks
- 3 supilusikatäit ekstra neitsioliiviõli
- 1 tass soolata kana puljongit
- ½ tassi kuiva valget veini
- 1 sidruni mahl
- 1 sidruni koor
- ¼ tassi kapparid, nõrutatud ja loputatud
- ¼ tassi hakitud värskeid peterselli lehti

Juhised:

Vahusta madalas tassis jahu, meresool ja pipar. Küüri kana jahu sisse ja koputa üleliigne ära. Küpseta oliiviõli, kuni see särab.

Pange kana ja küpseta umbes 4 minutit mõlemalt poolt, kuni see on pruunistunud. Tõmmake kana pannilt välja ja asetage sooja hoidmiseks alumiiniumfooliumiga kattesse.

Asetage pann uuesti tulele ja segage puljong, vein, sidrunimahl, sidrunikoor ja kapparid. Kasutage lusikakulbi külge ja murrake panni põhjast pruunistunud tükid. Hauta, kuni vedelik pakseneb. Tõsta pann tulelt ja tõsta kana pannile tagasi. Pöörake mantlile. Sega juurde petersell ja serveeri.

Toitumine (100g kohta):153 kalorit 2 g rasva 9 g süsivesikuid 8 g valku 692 mg naatriumi

Ühepanniline Toscana kana

Valmistamisaeg: 10 minutit
Söögitegemise aeg: 25 minutit
Portsjonid: 6
Raskusaste: raske

Koostis:

- ¼ tassi ekstra neitsioliiviõli, jagatud
- 1 kilo kondita ja nahata kanarinda, lõigatud ¾-tollisteks tükkideks
- 1 sibul, hakitud
- 1 punane paprika, tükeldatud
- 3 küüslauguküünt, hakitud
- ½ tassi kuiva valget veini
- 1 (14 untsi) purk purustatud tomateid, kuivatamata
- 1 (14 untsi) purk tükeldatud tomateid, nõrutatud
- 1 (14 untsi) purk valgeid ube, nõrutatud
- 1 spl kuivatatud Itaalia maitseainet
- ½ tl meresoola
- 1/8 tl värskelt jahvatatud musta pipart
- 1/8 tl punase pipra helbeid
- ¼ tassi hakitud värskeid basiiliku lehti

Juhised:

Küpseta 2 supilusikatäit oliiviõli, kuni see särab. Sega hulka kana ja küpseta pruunistumiseni. Eemaldage kana pannilt ja asetage vaagnale, mis on soojas hoidmiseks kaetud alumiiniumfooliumiga.

Pange pann uuesti tulele ja soojendage ülejäänud oliiviõli. Lisa sibul ja punane paprika. Küpseta ja sega harva, kuni köögiviljad on pehmed. Pange küüslauk ja küpsetage pidevalt segades 30 sekundit.

Sega juurde vein ja kasuta lusika külge, et pruunistunud tükid panni põhjast välja võtta. Keeda segades 1 minut.

Sega hulka purustatud ja tükeldatud tomatid, valged oad, Itaalia maitseaine, meresool, pipar ja punase pipra helbed. Lase podiseda. Keeda 5 minutit, aeg-ajalt segades.

Pange kana ja kogunenud mahlad tagasi pannile. Küpseta, kuni kana on läbi küpsenud. Tõsta tulelt ja sega enne serveerimist basiilikuga.

Toitumine (100g kohta): 271 kalorit 8 g rasva 29 g süsivesikuid 14 g valku 596 mg naatriumi

Kana Kapama

Valmistamisaeg: 10 minutit
Küpsetusaeg: 2 tundi
Portsjonid: 4
Raskusaste: keskmine

Koostis:

- 1 (32 untsi) purk tükeldatud tomateid, nõrutatud
- ¼ tassi kuiva valget veini
- 2 spl tomatipastat
- 3 supilusikatäit ekstra neitsioliiviõli
- ¼ tl punase pipra helbeid
- 1 tl jahvatatud piment
- ½ tl kuivatatud oreganot
- 2 tervet nelki
- 1 kaneelipulk
- ½ tl meresoola
- 1/8 tl värskelt jahvatatud musta pipart
- 4 kondita, nahata kana rinnapoolikut

Juhised:

Sega suures potis tomatid, vein, tomatipasta, oliiviõli, punase pipra helbed, pipar, pune, nelk, kaneelipulk, meresool ja pipar. Kuumuta aeg-ajalt segades keemiseni. Lase aeg-ajalt segades 30 minutit podiseda. Eemaldage ja visake terve nelk ja kaneelipulk kastmest välja ning laske kastmel jahtuda.

Kuumuta ahi temperatuurini 350 °F. Asetage kana 9x13-tollisse küpsetusnõusse. Vala kaste kana peale ja kata pann alumiiniumfooliumiga. Jätkake küpsetamist, kuni see saavutab 165 ° F sisetemperatuuri.

Toitumine (100g kohta): 220 kalorit 3 g rasva 11 g süsivesikuid 8 g valku 923 mg naatriumi

Spinati ja fetaga täidetud kana rinnad

Valmistamisaeg: 10 minutit

Söögitegemise aeg: 45 minutit

Portsjonid: 4

Raskusaste: keskmine

Koostis:

- 2 spl ekstra neitsioliiviõli
- 1 kilo värsket beebispinatit
- 3 küüslauguküünt, hakitud
- 1 sidruni koor
- ½ tl meresoola
- 1/8 tl värskelt jahvatatud musta pipart
- ½ tassi murendatud fetajuustu
- 4 kondita, nahata kanarinda

Juhised:

Kuumuta ahi temperatuurini 350 °F. Küpseta oliiviõli keskmisel kuumusel, kuni see hakkab läikima. Lisa spinat. Jätkake küpsetamist ja segamist, kuni see närbub.

Sega juurde küüslauk, sidrunikoor, meresool ja pipar. Küpseta 30 sekundit, pidevalt segades. Jahuta veidi ja sega hulka juust.

Määri spinati-juustusegu ühtlase kihina kanatükkidele ning rulli rinnatükk täidise ümber. Hoidke suletuna hambaorkide või lihuninööriga. Asetage rinnad 9x13-tollisse küpsetusnõusse ja küpsetage 30–40 minutit või kuni kana sisetemperatuur on 165 ° F. Võta ahjust välja ja tõsta enne viilutamist ja serveerimist 5 minutiks kõrvale.

Toitumine (100g kohta): 263 kalorit 3 g rasva 7 g süsivesikuid 17 g valku 639 mg naatriumi

Rosmariiniga küpsetatud kanakintsud

Valmistamisaeg: 5 minutit

Küpsetusaeg: 1 tund

Portsjonid: 6

Raskusaste: lihtne

Koostis:

- 2 spl hakitud värskeid rosmariini lehti
- 1 tl küüslaugupulbrit
- ½ tl meresoola
- 1/8 tl värskelt jahvatatud musta pipart
- 1 sidruni koor
- 12 kanakintsu

Juhised:

Kuumuta ahi temperatuurini 350 °F. Sega rosmariin, küüslaugupulber, meresool, pipar ja sidrunikoor.

Asetage kintsud 9x13-tollisse ahjuvormi ja puistake üle rosmariini seguga. Küpseta, kuni kana saavutab sisetemperatuuri 165 ° F.

Toitumine (100g kohta): 163 kalorit 1 g rasva 2 g süsivesikuid 26 g valku 633 mg naatriumi

Kana sibula, kartuli, viigimarja ja porgandiga

Valmistamisaeg: 5 minutit

Söögitegemise aeg: 45 minutit

Portsjonid: 4

Raskusaste: keskmine

Koostis:

- 2 tassi sõrmkartuleid, poolitatud
- 4 värsket viigimarja, neljaks lõigatud
- 2 porgandit, julieneeritud
- 2 spl ekstra neitsioliiviõli
- 1 tl meresoola, jagatud
- ¼ tl värskelt jahvatatud musta pipart
- 4 kanakoiba-reie veerandit
- 2 spl hakitud värskeid peterselli lehti

Juhised:

Kuumuta ahi temperatuurini 425 ° F. Viska väikeses kausis kartulid, viigimarjad ja porgandid oliiviõli, ½ tl meresoola ja pipraga. Laota 9x13-tollisse küpsetusnõusse.

Maitsesta kana ülejäänud meresoolaga. Asetage see köögiviljade peale. Küpseta, kuni köögiviljad on pehmed ja kana saavutab sisetemperatuuri 165 °F. Puista peale petersell ja serveeri.

Toitumine (100g kohta): 429 kalorit 4 g rasva 27 g süsivesikuid 52 g valku 581 mg naatriumi

Chicken Gyros Tzatzikiga

Valmistamisaeg: 15 minutit

Söögitegemise aeg: 1 tund ja 20 minutit

Portsjonid: 6

Raskusaste: keskmine

Koostis:

- 1 kilo jahvatatud kanarind
- 1 sibul, riivitud liigse veega välja väänatud
- 2 spl kuivatatud rosmariini
- 1 spl kuivatatud majoraani
- 6 küüslauguküünt, hakitud
- ½ tl meresoola
- ¼ tl värskelt jahvatatud musta pipart
- Tzatziki kaste

Juhised:

Kuumuta ahi temperatuurini 350 °F. Sega köögikombaini abil kana, sibul, rosmariin, majoraan, küüslauk, meresool ja pipar. Blenderda, kuni segu moodustab pasta. Teise võimalusena segage need koostisosad kausis, kuni need on hästi segunenud (vt valmistamisnõuannet).

Suru segu leivavormi. Küpseta, kuni see saavutab 165 kraadi sisetemperatuuri. Võta ahjust välja ja lase 20 minutit puhata enne viilutamist.

Viiluta güroskoop ja vala peale lusikaga tzatziki kaste.

Toitumine (100g kohta): 289 kalorit 1 g rasva 20 g süsivesikuid 50 g valku 622 mg naatriumi

Moussaka

Valmistamisaeg: 10 minutit
Söögitegemise aeg: 45 minutit
Portsjonid: 8
Raskusaste: raske

Koostis:

- 5 spl ekstra neitsioliiviõli, jagatud
- 1 baklažaan, viilutatud (koorimata)
- 1 sibul, hakitud
- 1 roheline paprika, seemnetest puhastatud ja tükeldatud
- 1-naelane jahvatatud kalkun
- 3 küüslauguküünt, hakitud
- 2 spl tomatipastat
- 1 (14 untsi) purk tükeldatud tomateid, nõrutatud
- 1 spl itaalia maitseainet
- 2 tl Worcestershire'i kastet
- 1 tl kuivatatud pune
- ½ tl jahvatatud kaneeli
- 1 tass magustamata rasvavaba tavalist kreeka jogurtit
- 1 muna, lahtiklopitud
- ¼ tl värskelt jahvatatud musta pipart
- ¼ tl jahvatatud muskaatpähklit
- ¼ tassi riivitud parmesani juustu
- 2 spl hakitud värskeid peterselli lehti

Juhised:

Kuumuta ahi 400 °F-ni. Küpseta 3 supilusikatäit oliiviõli, kuni see särab. Lisa baklažaaniviilud ja pruunista 3–4 minutit mõlemalt poolt. Tõsta paberrätikutele nõrguma.

Tõsta pann tagasi tulele ja vala peale ülejäänud 2 supilusikatäit oliiviõli. Lisa sibul ja roheline paprika. Jätkake küpsetamist, kuni köögiviljad on pehmed. Eemalda pannilt ja tõsta kõrvale.

Tõsta pann tulele ja sega sisse kalkun. Küpseta lusikaga murendades umbes 5 minutit, kuni see on pruunistunud. Sega juurde küüslauk ja küpseta pidevalt segades 30 sekundit.

Segage tomatipasta, tomatid, Itaalia maitseained, Worcestershire'i kaste, pune ja kaneel. Asetage sibul ja paprika pannile tagasi. Keeda segades 5 minutit. Segage jogurt, muna, pipar, muskaatpähkel ja juust.

Asetage pool lihasegust 9x13-tollisse ahjuvormi. Lao kiht poole baklažaaniga. Lisa ülejäänud lihasegu ja ülejäänud baklažaan. Määri peale jogurtisegu. Küpseta kuldpruuniks. Kaunista peterselliga ja serveeri.

Toitumine (100g kohta): 338 kalorit 5 g rasva 16 g süsivesikuid 28 g valku 569 mg naatriumi

Dijoni ja ürdi sea sisefilee

Valmistamisaeg: 10 minutit
Söögitegemise aeg: 30 minutit
Portsjonid: 6
Raskusaste: keskmine

Koostis:

- ½ tassi värskeid Itaalia peterselli lehti, hakitud
- 3 spl värskeid rosmariini lehti, hakitud
- 3 spl värskeid tüümiani lehti, hakitud
- 3 supilusikatäit Dijoni sinepit
- 1 spl ekstra neitsioliiviõli
- 4 küüslauguküünt, hakitud
- ½ tl meresoola
- ¼ tl värskelt jahvatatud musta pipart
- 1 (1½ naela) sea sisefilee

Juhised:

Kuumuta ahi 400 °F-ni. Sega petersell, rosmariin, tüümian, sinep, oliiviõli, küüslauk, meresool ja pipar. Töötle umbes 30 sekundit ühtlaseks massiks. Määri segu ühtlaselt sealihale ja aseta ääristatud ahjuplaadile.

Küpseta, kuni liha jõuab sisetemperatuurini 140 °F. Tõmmake ahjust välja ja jätke enne viilutamist ja serveerimist 10 minutiks kõrvale.

Toitumine (100g kohta): 393 kalorit 3 g rasva 5 g süsivesikuid 74 g valku 697 mg naatriumi

Praad punase veini-seenekastmega

Ettevalmistusaeg: minutit pluss 8 tundi marineerimiseks
Söögitegemise aeg: 20 minutit
Portsjonid: 4
Raskusaste: raske

Koostis:

- Marinaadi ja steiki jaoks
- 1 tass kuiva punast veini
- 3 küüslauguküünt, hakitud
- 2 spl ekstra neitsioliiviõli
- 1 spl madala naatriumisisaldusega sojakastet
- 1 spl kuivatatud tüümiani
- 1 tl Dijoni sinepit
- 2 spl ekstra neitsioliiviõli
- 1–1½ naelane seelikupraad, raudpraad või kolme otsaga praad
- Seenekastme jaoks
- 2 spl ekstra neitsioliiviõli
- 1-kilosed cremini seened, neljaks lõigatud
- ½ tl meresoola
- 1 tl kuivatatud tüümiani
- 1/8 tl värskelt jahvatatud musta pipart
- 2 küüslauguküünt, hakitud
- 1 tass kuiva punast veini

Juhised:

Marinaadi ja steiki valmistamiseks

Vahusta väikeses kausis vein, küüslauk, oliiviõli, sojakaste, tüümian ja sinep. Vala suletavasse kotti ja lisa praad. Asetage praad 4–8 tunniks marinaadiks külmkappi. Eemalda praad marinaadist ja patsuta paberrätikutega kuivaks.

Küpseta oliiviõli suurel pannil, kuni see särab.

Asetage praad kohale ja küpsetage umbes 4 minutit mõlemalt poolt, kuni see on mõlemalt poolt sügavalt pruunistunud ja praad saavutab sisetemperatuuri 140 °F. Eemaldage praad pannilt ja asetage seenekastme valmistamise ajaks alumiiniumfooliumiga kaetud taldrikule.

Kui seenekaste on valmis, viilutage praad tera vastu ½ tolli paksusteks viiludeks.

Seenekastme valmistamiseks

Küpseta samal pannil keskmisel-kõrgel kuumusel õli. Lisa seened, meresool, tüümian ja pipar. Küpseta umbes 6 minutit, väga harva segades, kuni seened on pruunistunud.

Prae küüslauk. Sega juurde vein ja kasuta puulusika küljega panni põhjast pruunistunud tükke. Küpseta, kuni vedelik väheneb poole võrra. Serveeri seeni lusikaga steigi peale.

Toitumine (100g kohta): 405 kalorit 5 g rasva 7 g süsivesikuid 33 g valku 842 mg naatriumi

Kreeka lihapallid

Valmistamisaeg: 20 minutit

Söögitegemise aeg: 25 minutit

Portsjonid: 4

Raskusaste: keskmine

Koostis:

- 2 täisteraleiva viilu
- 1¼ naela jahvatatud kalkun
- 1 muna
- ¼ tassi maitsestatud täistera leivapuru
- 3 küüslauguküünt, hakitud
- ¼ punast sibulat, riivitud
- ¼ tassi hakitud värskeid Itaalia peterselli lehti
- 2 spl hakitud värskeid piparmündi lehti
- 2 spl hakitud värskeid pune lehti
- ½ tl meresoola
- ¼ tl värskelt jahvatatud musta pipart

Juhised:

Kuumuta ahi temperatuurini 350 °F. Asetage küpsetusplaadile pärgamentpaber või alumiiniumfoolium. Laske leib vee all märjaks ja pigista üleliigne leib välja. Haki märg leib väikesteks tükkideks ja aseta keskmisesse kaussi.

Lisa kalkun, muna, riivsai, küüslauk, punane sibul, petersell, piparmünt, pune, meresool ja pipar. Sega hästi. Vormi segust ¼ tassi suurused pallid. Asetage lihapallid ettevalmistatud lehele ja küpsetage umbes 25 minutit või kuni sisetemperatuur jõuab 165 ° F-ni.

Toitumine (100g kohta): 350 kalorit 6 g rasva 10 g süsivesikuid 42 g valku 842 mg naatriumi

Lambaliha ubadega

Valmistamisaeg: 10 minutit

Küpsetusaeg: 1 tund

Portsjonid: 6

Raskusaste: raske

Koostis:

- ¼ tassi ekstra neitsioliiviõli, jagatud
- 6 lisarasvast lõigatud lambaliha
- 1 tl meresoola, jagatud
- ½ tl värskelt jahvatatud musta pipart
- 2 spl tomatipastat
- 1½ tassi kuuma vett
- 1 kilo rohelised oad, lõigatud ja poolitatud risti
- 1 sibul, hakitud
- 2 tomatit, tükeldatud

Juhised:

Küpseta 2 supilusikatäit oliivõli suurel pannil, kuni see hakkab läikima. Maitsesta lambalihakotletid ½ tl meresoola ja 1/8 tl pipraga. Küpseta lambaliha kuumas õlis umbes 4 minutit mõlemalt poolt, kuni see on mõlemalt poolt pruunistunud. Tõsta liha vaagnale ja tõsta kõrvale.

Asetage pann tagasi tulele ja pange ülejäänud 2 supilusikatäit oliivõli. Kuumuta, kuni see sädeleb.

Sulata kausis kuumas vees tomatipasta. Lisage see kuumale pannile koos roheliste ubade, sibula, tomatite ja ülejäänud ½ tl meresoola ja ¼ tl pipraga. Kuumuta keemiseni, kraapige panni põhjast lusikakülge kasutades pruunistunud tükke.

Tõsta lambalihakotletid pannile tagasi. Lase keema tõusta ja reguleeri kuumus keskmisele-madalale. Hauta 45 minutit, kuni oad on pehmed, lisades vajadusel vett, et reguleerida kastme paksust.

Toitumine (100g kohta): 439 kalorit 4 g rasva 10 g süsivesikuid 50 g valku 745 mg naatriumi

Kana tomati-balsamico panni kastmes

Valmistamisaeg: 10 minutit

Söögitegemise aeg: 20 minutit

Portsjonid: 4

Raskusaste: keskmine

Koostisained

- 2 (8 untsi või 226,7 g) kondita kanarinda, nahata
- ½ tl. soola
- ½ tl. jahvatatud pipar
- 3 spl. ekstra neitsioliiviõli
- ½ c. poolitatud kirsstomatid
- 2 spl. viilutatud šalottsibul
- ¼ c. palsamiäädikas
- 1 spl. purustatud küüslauk
- 1 spl. röstitud apteegitilli seemned, purustatud
- 1 spl. võid

Juhised:

Lõika kanarinnad neljaks tükiks ja klopi neid haamriga, kuni need on ¼ tolli paksused. Kasutage kana katmiseks ¼ teelusikatäit pipart ja soola. Kuumuta pannil kaks supilusikatäit õli ja hoia kuumust keskmisel tasemel. Küpseta kanarinda mõlemalt poolt kolm minutit. Asetage see serveerimistaldrikule ja katke see soojas hoidmiseks fooliumiga.

Lisa pannile üks supilusikatäis õli, šalottsibul ja tomatid ning küpseta, kuni see pehmeneb. Lisa äädikas ja keeda segu, kuni äädikas väheneb poole võrra. Pange apteegitilli seemned, küüslauk, sool ja pipar ning küpseta umbes neli minutit. Tõmmake see tulelt ja segage see võiga. Vala see kaste kana peale ja serveeri.

Toitumine (100g kohta): 294 kalorit 17 g rasva 10 g süsivesikuid 2 g valku 639 mg naatriumi

Pruuni riisi, feta, värske herne ja piparmündi salat

Valmistamisaeg: 10 minutit

Söögitegemise aeg: 25 minutit

Portsjonid: 4

Raskusaste: lihtne

Koostis:

- 2 c. pruun riis
- 3 c. vesi
- soola
- 5 untsi või 141,7 g murendatud fetajuustu
- 2 c. keedetud herned
- ½ c. hakitud piparmünt, värske
- 2 spl. oliiviõli
- Sool ja pipar

Juhised:

Asetage pruun riis, vesi ja sool kastrulisse keskmisel kuumusel, katke kaanega ja laske keema tõusta. Keera madalam kuumus ja lase keeda, kuni vesi on lahustunud ja riis on pehme, kuid nätske. Lase täielikult jahtuda

Lisage jahtunud riisiga salatikaussi feta, herned, piparmünt, oliiviõli, sool ja pipar. Serveeri ja naudi!

Toitumine (100g kohta): 613 kalorit 18,2 g rasva 45 g süsivesikuid 12 g valku 755 mg naatriumi

Oliivide ja kikerhernestega täidetud täistera pitaleib

Valmistamisaeg: 10 minutit
Söögitegemise aeg: 20 minutit
Portsjonid: 2
Raskusaste: keskmine

Koostis:

- 2 täistera pita taskut
- 2 spl. oliiviõli
- 2 küüslauguküünt, hakitud
- 1 sibul, hakitud
- ½ tl. köömned
- 10 musta oliivi, tükeldatud
- 2 c. keedetud kikerherned
- Sool ja pipar

Juhised:

Viilutage pita taskud ja asetage kõrvale Seadke kuumus keskmisele tasemele ja pange pann kohale. Lisa oliiviõli ja kuumuta. Sega kuumale pannile küüslauk, sibul ja köömned ning sega, kuni sibul pehmeneb ja köömned lõhnavad. Lisa oliivid, kikerherned, sool ja pipar ning sega kõik kokku, kuni kikerherned muutuvad kuldseks.

Tõsta pann tulelt ja puder puulusikaga kikerherned jämedalt pudruks, nii et osad oleksid terved ja osad purustatud. Kuumuta pitataskud mikrolaineahjus, ahjus või pliidil puhtal pannil.

Täida need oma kikerherneseguga ja naudi!

Toitumine (100g kohta): 503 kalorit 19 g rasva 14 g süsivesikuid 15,7 g valku 798 mg naatriumi

Röstitud porgand kreeka pähklite ja Cannellini ubadega

Valmistamisaeg: 10 minutit

Söögitegemise aeg: 45 minutit

Portsjonid: 4

Raskusaste: keskmine

Koostis:

- 4 kooritud porgandit, tükeldatud
- 1 c. kreeka pähklid
- 1 spl. kallis
- 2 spl. oliiviõli
- 2 c. konserveeritud cannellini oad, nõrutatud
- 1 värske tüümiani oksake
- Sool ja pipar

Juhised:

Seadke ahi temperatuurini 400 F/204 C ja vooderdage ahjuplaat või praepann küpsetuspaberiga. Laotage porgandid ja kreeka pähklid vooderdatud alusele või pannile Piserdage porganditele ja kreeka pähklitele oliiviõli ja mett ning hõõruge kõike, et iga tükk oleks kindel. on kaetud Puista oad alusele ja pesa porgandite ja kreeka pähklite sisse

Lisage tüümian ja puistake kõike soola ja pipraga. Pange plaat ahju ja röstige umbes 40 minutit.

Serveeri ja naudi

Toitumine (100g kohta):385 kalorit 27 g rasva 6 g süsivesikuid 18 g valku 859 mg naatriumi

Maitsestatud võiga määritud kana

Valmistamisaeg: 10 minutit

Söögitegemise aeg: 25 minutit

Portsjonid: 4

Raskusaste: keskmine

Koostis:

- ½ c. Raske vahukoor
- 1 spl. soola
- ½ c. Luupuljong
- 1 spl. Pipar
- 4 spl. Või
- 4 poolikut kana rinnast

Juhised:

Asetage pann ahju keskmisele kuumusele ja lisage üks supilusikatäis võid. Kui või on soe ja sulanud, asetage kana sisse ja küpseta viis minutit mõlemalt poolt. Selle aja lõpuks peaks kana olema läbi küpsenud ja kuldne; kui on, siis pange see taldrikule.

Järgmisena lisate soojale pannile kondiga puljongi. Lisa tugev vahukoor, sool ja pipar. Seejärel jätke pann rahule, kuni kaste hakkab podisema. Laske sellel protsessil toimuda viis minutit, et kaste pakseneks.

Lõpuks lisage pannile tagasi ülejäänud või ja kana. Kasutage kindlasti lusikaga, et asetada kaste oma kana peale ja lämmatada see täielikult. Serveeri

Toitumine (100g kohta): 350 kalorit 25 g rasva 10 g süsivesikuid 25 g valku 869 mg naatriumi

Kahekordne juustupeekoni kana

Valmistamisaeg: 10 minutit

Söögitegemise aeg: 30 minutit

Portsjonid: 4

Raskusaste: lihtne

Koostis:

- 4 untsi või 113 g. Toorjuust
- 1 c. Cheddari juust
- 8 riba peekonit
- Meresool
- Pipar
- 2 küüslauguküünt, peeneks hakitud
- Kana rinnatükk
- 1 spl. Peekonimääre või või

Juhised:

Valmistage ahi temperatuurini 400 F/204 C Lõika kana rinnad pooleks, et need oleksid õhukesed

Maitsesta soola, pipra ja küüslauguga Määri ahjupann võiga ja aseta sinna kanarindad. Lisa rindade peale toorjuust ja cheddari juust

Lisa ka peekoniviilud. Aseta pann 30 minutiks ahju Serveeri kuumalt

Toitumine (100g kohta): 610 kalorit 32 g rasva 3 g süsivesikuid 38 g valku 759 mg naatriumi

Krevetid sidruni ja pipraga

Valmistamisaeg: 10 minutit

Söögitegemise aeg: 10 minutit

Portsjonid: 4

Raskusaste: lihtne

Koostis:

- 40 kooritud krevetti
- 6 hakitud küüslauguküünt
- Sool ja must pipar
- 3 spl. oliiviõli
- ¼ tl. magus paprika
- Näputäis purustatud punase pipra helvest
- ¼ tl. riivitud sidrunikoor
- 3 spl. Sherry või mõni muu vein
- 1½ spl. viilutatud murulauk
- 1 sidruni mahl

Juhised:

Seadke kuumus keskmisele kõrgele ja pange pann kohale.

Lisa õli ja krevetid, puista peale pipart ja soola ning küpseta 1 minut Lisa paprika, küüslauk ja piprahelbed, sega ja küpseta 1 minut. Sega õrnalt šerri hulka ja lase veel minut aega küpseda

Tõsta krevetid tulelt, lisa murulauk ja sidrunikoor, sega ning tõsta krevetid taldrikutele. Lisa sidrunimahl üle ja serveeri

Toitumine (100g kohta): 140 kalorit 1 g rasva 5 g süsivesikuid 18 g valku 694 mg naatriumi

Paneeritud ja vürtsidega paltus

Valmistamisaeg: 5 minutit

Söögitegemise aeg: 25 minutit

Portsjonid: 4

Raskusaste: lihtne

Koostis:

- ¼ c. hakitud värsket murulauku
- ¼ c. hakitud värsket tilli
- ¼ tl. jahvatatud musta pipart
- ¾ c. panko riivsai
- 1 spl. ekstra neitsioliiviõli
- 1 tl. peeneks riivitud sidrunikoor
- 1 tl. meresool
- 1/3 c. hakitud värske petersell
- 4 (6 untsi või 170 g) hiidlesta fileed

Juhised:

Sega keskmises kausis oliiviõli ja ülejäänud koostisosad, välja arvatud hiidlestafilee ja riivsai

Asetage paltusfileed segusse ja marineerige 30 minutit. Kuumuta ahi 400 F/204 C-ni Pane ahjuplaadile foolium, määri küpsetusspreiga. Kasta fileed riivsaiasse ja pane ahjuplaadile Küpseta ahjus 20 minutit Serveeri kuumalt

Toitumine (100g kohta): 667 kalorit 24,5 g rasva 2 g süsivesikuid 54,8 g valku 756 mg naatriumi

Karri lõhe sinepiga

Valmistamisaeg: 10 minutit

Söögitegemise aeg: 20 minutit

Portsjonid: 4

Raskusaste: lihtne

Koostis:

- ¼ tl. jahvatatud punane pipar või tšillipulber
- ¼ tl. kurkum, jahvatatud
- ¼ tl. soola
- 1 tl. kallis
- ¼ tl. küüslaugupulber
- 2 tl. täistera sinep
- 4 (6 untsi või 170 g) lõhefileed

Juhised:

Sega kausis sinep ja ülejäänud koostisosad, välja arvatud lõhe. Eelsoojenda ahi temperatuurini 350 F/176 C Määri küpsetusvorm küpsetusspreiga. Aseta lõhe ahjuplaadile nahaga allapoole ja määri fileedele ühtlaselt sinepisegu. Aseta ahju ja küpseta 10-15 minutit või kuni helbed.

Toitumine (100g kohta): 324 kalorit 18,9 g rasva 1,3 g süsivesikuid 34 g valku 593 mg naatriumi

Kreeka pähkli-rosmariini kooritud lõhe

Valmistamisaeg: 10 minutit

Söögitegemise aeg: 25 minutit

Portsjonid: 4

Raskusaste: keskmine

Koostis:

- 1 nael või 450 g. külmutatud nahata lõhefilee
- 2 tl. Dijoni sinep
- 1 küüslauguküüs, hakitud
- ¼ tl. sidrunikoor
- ½ tl. kallis
- ½ tl. koššersool
- 1 tl. värskelt hakitud rosmariin
- 3 spl. panko riivsai
- ¼ tl. purustatud punane pipar
- 3 spl. hakitud kreeka pähklid
- 2 tl. ekstra neitsioliiviõli

Juhised:

Valmistage ahi temperatuurini 420 F/215 C ja kasutage ääristatud küpsetusplaadi vooderdamiseks küpsetuspaberit. Sega kausis sinep, sidrunikoor, küüslauk, sidrunimahl, mesi, rosmariin, purustatud punane pipar ja sool. Teises kausis segage pähkel, panko ja 1 tl õli. Asetage küpsetusplaadile küpsetuspaber ja laotage sellele lõhe

Määri sinepisegu kalale ja pane peale panko segu. Piserda ülejäänud oliiviõli kergelt lõhele. Küpseta umbes 10-12 minutit või kuni lõhe on kahvliga eraldatud Serveeri kuumalt

Toitumine (100g kohta): 222 kalorit 12 g rasva 4 g süsivesikuid 0,8 g valku 812 mg naatriumi

Kiire tomati spagetid

Valmistamisaeg: 10 minutit
Söögitegemise aeg: 25 minutit
Portsjonid: 4
Raskusaste: keskmine

Koostis:

- 8 untsi või 226,7 g spagette
- 3 spl. oliiviõli
- 4 küüslauguküünt, viilutatud
- 1 jalapeno, viilutatud
- 2 c. kirsstomatid
- Sool ja pipar
- 1 tl. palsamiäädikas
- ½ c. Parmesan, riivitud

Juhised:

Keeda keskmisel tulel suur pott vett. Lisa näpuotsatäis soola ja kuumuta keemiseni, seejärel lisa spagetid. Laske küpsetada 8 minutit. Kuni pasta küpseb, kuumuta pannil õli ning lisa küüslauk ja jalapeno. Küpseta veel 1 minut, seejärel sega hulka tomatid, pipar ja sool.

Küpseta 5–7 minutit, kuni tomatikoored lõhkevad.

Lisa äädikas ja eemalda tulelt. Nõruta spagetid hästi ja sega tomatikastmega. Puista peale juust ja serveeri kohe.

Toitumine (100g kohta): 298 kalorit 13,5 g rasva 10,5 g süsivesikuid 8 g valku 749 mg naatriumi

Chili Oregano küpsetatud juust

Valmistamisaeg: 10 minutit

Söögitegemise aeg: 25 minutit

Portsjonid: 4

Raskusaste: lihtne

Koostis:

- 8 untsi või 226,7 g fetajuustu
- 4 untsi või 113g mozzarellat, murendatud
- 1 viilutatud tšillipipar
- 1 tl. kuivatatud pune
- 2 spl. oliiviõli

Juhised:

Aseta fetajuust väikesele sügavale ahjupannile. Tõsta peale mozzarella, seejärel maitsesta pipraviilude ja punega. katke pann kaanega. Küpseta eelkuumutatud ahjus 350 F/176 C juures 20 minutit. Serveeri juustu ja naudi seda.

Toitumine (100g kohta): 292 kalorit 24,2 g rasva 5,7 g süsivesikuid 2 g valku 733 mg naatriumi

Krõbe Itaalia kana

Valmistamisaeg: 10 minutit

Söögitegemise aeg: 30 minutit

Portsjonid: 4

Raskusaste: lihtne

Koostis:

- 4 kana jalga
- 1 tl. kuivatatud basiilik
- 1 tl. kuivatatud pune
- Sool ja pipar
- 3 spl. oliiviõli
- 1 spl. palsamiäädikas

Juhised:

Maitsesta kana hästi basiiliku ja punega. Lisa pannil õli ja kuumuta. Lisa kana kuuma õli sisse. Laske mõlemal küljel 5 minutit küpsetada, kuni see on kuldne, seejärel katke pann kaanega.

Seadke kuumus keskmisele tasemele ja küpsetage ühelt poolt 10 minutit, seejärel pöörake kana korduvalt ümber, küpsetades veel 10 minutit, kuni see muutub krõbedaks. Serveeri kana ja naudi.

Toitumine (100g kohta): 262 kalorit 13,9 g rasva 11 g süsivesikuid 32,6 g valku 693 mg naatriumi

www.ingramcontent.com/pod-product-compliance
Lightning Source LLC
Chambersburg PA
CBHW071434080526
44587CB00014B/1849